岩 波 文 庫

33-615-3

知 性 改 善 論

スピノザ著
畠中尚志訳

岩 波 書 店

TRACTATUS
DE
INTELLECTUS EMENDATIONE
1677

Benedictus de Spinoza

凡例

一、本書はスピノザの方法論であり認識論でもある Tractatus de intellectus emendatione 詳しく言えば Tractatus de intellectus emendatione, et de via, qua optime in veram rerum cognitionem dirigitur の邦訳である。

一、本書は昭和六年四月岩波文庫の一冊として出たもので、以来二十刷を経たが、今回紙型がいたんだのを機に改訳することになった。訳文をもっと読みやすくすることにつとめると共に、不備と思われる個所に訂正をほどこした。

一、テキストは現在スピノザ全集の中でほぼ決定版視されているゲプハルト版(一九二四年)によった。しかし内外研究諸論文におけるこの書の引用はブルーダー版(一八四三―四六年)に附けられてある番号によってなされることが多いので、ゲプハルト版にはそれがないけれども本訳では(　)の中にこれを添えた。以上の二点は前訳の場合と同じだが、新訳には、同じくブルーダー版の中にある、内容のくぎりを示す十五の標題をも採用した。読者にとって本書の概括的把握に便利だと思ったからである。

一、本文中に挿入してある(1)(2)(3)……の註は原著に脚註として出ているもの、同じく本文中の〔　〕内にある略註ないし補足の言葉、並びに巻末の諸註は訳者のものである。巻末の訳者註は本文に*印を付してこれを示した。

一九六七年四月

訳者

目　次

知性改善論

読者に告ぐ

親愛なる読者諸君、我々がここに未完のまま諸君に呈する知性の改善云々に関する論文は、もうずっと以前著者によって書かれたものです。著者はこれを完了しようと常に心にかけていました。けれども彼は他のいろいろな仕事に妨げられ、そしてついには死に奪い去られて、これを望み通りの終結に至らしめることが出来ませんでした。しかしこの書の中には、多くの優秀で有益な事柄が含まれており、それが真剣な真理探究者にとって少なからず役立つと我々は確信する故に、それらのものを諸君に秘しておきたくはなかったのです。それで、この論文の中に、こうした理由から出てくる多くの不分明な、粗雑な且つ未推敲な個所を許してもらうため、諸君に以上の事情を告げる気になった次第です。では――

〔この一文は一六七七年出版の遺稿集の編集者によって付せられたものである〕

知性の改善に関する、並びに知性が事物の真の認識に導かれるための最善の道に関する論文

(人間が通常求める善について)

(一) 一般生活において通常見られるもののすべてが空虚で無価値であることを経験によって教えられ、また私にとって恐れの原因であり対象であったもののすべてが、それ自体では善でも悪でもなく、ただ心がそれによって動かされた限りにおいてのみ善あるいは悪を含むことを知った時、私はついに決心した、我々のあずかり得る真の善で、他のすべてを捨ててただそれによってのみ心が動かされるような或るものが存在しないかどうか、いやむしろ、一たびそれを発見し獲得した上は、不断最高の喜びを永遠に享受できるような或るものが存在しないかどうかを探究してみようと。(二) 私はついに決心したと言う。なぜなら、まだ不確実なもの

のために確実なものを放棄しようとするのは一見無思慮に思えたからである。というのは、私ももちろん名誉や富からいろいろな利益が得られることを知っていたし、またもし私が他の新しいもののために真剣に努力するとなると、それらの利益を求めることから必然的に遠ざからねばならないことも知っていた。だからその場合、もし最高の幸福がそれらのものの中に含まれているとしたら、私はその幸福を失わなければならないことが明らかであった。だがもし実はそれらのものの中には含まれていないのに、ただそれらのためにばかり努力するとしたら、私はやはり最高の幸福を欠くことになる。（三）そこで私は、私の生活の秩序と日常のやり方とを変えずに新しい計画を遂げることが、あるいは少くともそれに関して確かな見込をつけることがもしや可能ではないかどうかを心に思いめぐらして見た。しかししばしば試みたにもかかわらず、それは無駄であった。思うにこの世で一般に見られるもので、人々の行動から判断して人々が最高の善と評価しているものを、我々は次の三つに還元することが出来る。すなわち富・名誉及び快楽である。この三つのものによって、我々の精神は、他の何らかの善について思惟することが全く出来ないほどに乱される。（四）まず快楽について言えば、心はそのとりことなって、あたかもそれが十分満足すべき善であるような気持になり、それによって他の善について思惟することをひどく妨げられる。一方その享楽の後には深い悲しみがつづき、それがたとえ精神の働きを止めないまでもなおこれを混乱させ遅鈍にする。名誉と富を追求することによっても、やはり少なからず精神は乱される。特に富がそれ自体のためにのみ求められる時には。(1) なぜなら、この場合には、それが最高の善とみなされるからである。(五) しかし名誉によってなお一層精神は乱される。すなわち名誉は、常にそれ自体で善と思われ、一切の行ないが向けられる究極目的とみなされるからである。その上この二者〔名誉と富〕にあっては、快楽の場合のように後悔が伴わない。反対に、我々が二者のいずれかを所有すればするほど我々のよろこびは増してくる。その結果我々は、次第次第にそれをふやすように駆りたてられる。しかし、もし何らかの機会に我々の希望がうらぎられると、深い悲しみが生ずる。最後に名誉は、これを得るために我々の生活を必然的に人々の意見に適合させなければならないから、すなわち、通常人々の避けるものを避け、通常人々の求めるものを求めなければならないから〔最高の善の思索に〕大きな障害となる。

(1) このことはもっとくわしく且つもっと分類的に、すなわち富がそれ自体のために、あるいは名誉のために、あるいは快楽のために、あるいは健康のために、又学問や技術の進歩のために求められる場合を区別して説明することもできたであろう。しかしそれは適当な場所まで保留する。これをそう綿密に究めることはここには適しないから。

(六) このようにして、これらすべてのものが、或る新しい計画への努力の妨げとなることを、それどころか必然的にそのいずれかを断念しなければならないほど互いに背反していることを見た時に、私はどちらが私にとって有益かを吟味するように強いられた。なぜなら、前に言ったように、私は不確実な善のために確実な善を放棄しようとするように見えたからである。しかし少しこの問題を熟考してみて、まず私は次のことに気づいた。すなわち、もし私がそれらを捨てて新しい計画に取りかかるなら、前に言ったことから明らかに分る通り、その本性上不確実な善を、その本性上は不確実でない(私は不動の善を求めたのだから)がただその取得に関してのみ不確実な善のために捨てるのだということである。(七) 更にひきつづき省察した結果、この場合、ただ深く思量し得る限り、私は疑いもない善のために疑いもない悪を捨てるであろうという考えに達した。なぜなら私は、自分が非常な危機に臨んでいて、どんなに得がたい対薬*でも全力をあげて求めるように余儀なくされているのを知ったからである。あたかも或る対薬を施さなければ確かに死ぬと自ら予見している重篤の患者が、彼の全希望はかかってその対薬にある故に、たとえ得がたいものでもそれを全力をあげて求めざるを得ないと同様に。ところが世間の人々の追求しているすべてのものは、単に我々の生存の維持にたいして何らの対薬をもたらさないばかりか、かえってその障害になっている。すなわちそれらのものは、これを所有している人々にとってはしばしば滅亡の原因となり、逆にそれに所有されている〔とりつかれている〕人々にとっては常に滅亡の原因となっているのである。[2]（八）実際、その富の故に、死ぬほどの迫害を受けた人々の例や、財を手に入れるために、数々の危険に身をさらして、ついに自らの愚行の報いを生命を以てつぐなった人々の例ははなはだ多い。また名誉を獲得しあるいは維持するために、悲惨な苦しみをこうむった人々の例もこれに劣らない。最後に、過度の快楽のために自らの死を早めた人々の例は数限りがない。（九）ところでこうしたわざわいは、私には、次の事実から、すなわち、すべての幸福あるいは不幸はただ我々の愛着する対象の性質にのみ依存するという事実から生ずるように思われた。全くのところ、愛さないもののためには決して争いも起らないであろう。それが滅びたからとて悲しみもわくまいし、他人に所有されたからとて嫉妬も起るまいし、何らの恐れ、何らの憎しみ、一言でいえば何らの心の動揺も生じないであろう。実にこれらすべてのことは、我々がこれまで語ってきた一切のものような、滅ぶべき事物を愛する時に起るのである。* （一〇） しかるに永遠無限なるものに対する愛は、純な喜びをもって精神をはぐくむ、そしてそれはあらゆる悲しみから離絶している。これこそ極めて望ましいものであり、且つすべての力をあげて求むべきものである。しかし私が、ただ真剣に思量し得る限りという言葉を用いたのは理由のないことではなかった。なぜなら、以上のことを精神ではなはだ明瞭に知覚しながらも、私はしかしだからといって所有欲・官能欲及び名誉欲から全く抜け切るというわけにはゆかなかったからである。*

（2） この点はもっと詳細に説かれなければならない。

（真実・最高の善について）

（一一） ここに一つ私に分っていることがあった。それは、こうした思想にたずさわっているその間だけは、精神が以上のような欲望から離れて真剣に新しい計画について思惟していたということである。このことは私にとって大きな慰めとなった。なぜならそれらの悪は、どんな対策を用いても退け得ないようなそんな性質のものでないということを知ったからである。

そしてこのような期間は、最初には稀であり又はなはだ短時間しかつゞかなかったけれども、真の善なるものが次第次第に私に明白になってきてからは、その期間がよりしばしばになり、且つより長くなった。特に私が、貨殖や快楽や名誉は、それ自体のために求められる限り、すなわち他のものへの手段として求められない限り有害であることを知った後は。実際もしこれらのものが手段として求められるとすれば、或る程度を越すことがなく、決して有害でない。むしろそれらはかえって、我々が適当な場所で示すであろうように、それが求められる目的のため寄与するところが多いのである。

（一二）* ここでちょっと簡単に、私が真の善をどう解するか、また同時に、最高の善とは何かを語りたい。これを正しく理解するためには、次のことに注意しなければならない。すなわち、善いとか悪いとかはただ相対的にのみ言われるのであり、従って同一事物でも異なった関係に応じては善いとも悪いとも呼ばれ得るということである。これは完全だとか不完全だとかいうことと同様である。実際、どんなものも、その本性において見れば、完全だとも不完全だとも言われないであろう。特に、生起する一切のものは永遠の秩序に従い、一定の自然法則に由って生起することを我々が知るであろう後は。* （一三） 人間はしかし無力のためその思惟によってこの秩序を把握できない、だが一方人間は、自分の本性よりはるかに力強い或る人間本性を考え、同時にそうした本性を獲得することを全然不可能とは認めないから、この完全性〔本性〕へ自らを導く手段を求めるように駆られる。そしてそれに到達する手段となり得るものがすべて真の善と呼ばれるのである。最高の善とはしかし、出来る限り、他の人々と共に*こうした本性を享受するようになることである。ところで、この本性がどんな種類のものであるかは、適当な場所で示すであろうが、言うまでもなくそれは、精神と全自然との合一性*の認識[3](cognitio unionis quam mens cum tota Natura habet)である。*（一四）だから私の志す目的は、このような本性を獲得すること、並びに、私と共々多くの人々にこれを獲得させるように努めることにある。言い換えれば、他の多くの人々に私の理解するところを理解させ、彼らの知性と欲望を全く私の知性と欲望に一致させるように努力することがまた私の幸福になるのである。このためには、必然的に、[4]こうした本性を獲得するのに十分なだけ自然について理解しなければならない。次に、出来るだけ多くの人々が、出来るだけ容易に且つ確実にこの目的へ到達するのに都合よいような社会を形成しなければならない。（一五）なお、道徳哲学並びに児童教育学のために努力しなければならない。また健康はこの目的に至るのに大切な手段だから、全医学が整備されなければならない。また技術は多くのむずかしい事柄を簡単なものにして、我々に、生活における多くの時間と便宜を得させてくれるから、機械学を決してなおざりにしてはならない。(一六)しかしまず何よりも先に、知性を矯正し、出来るだけはじめにこれを浄化して、その結果、知性がものを首尾よく、誤りなしに、そして出来るだけ正しく理解するようになる方法を案出しなくてはならない。ここからして今や各人は、私がすべての学を一目的(5)・一目標に、すなわち前述の、人間としての最高完全性へ到達することに向けようとしているのを認め得るであろう。だから学の中で我々を何らこの目的へ進めないものは、すべて不用として退けられるべきであろう。すなわち、一言でいえば、我々の一切の行動並びに思想は、この目的に向けられるべきである。

(3) このことは適当な場所でもっと詳しく説明する。

(4) ここで私がただ我々の目標に至るのに必要なもろもろの学を数え上げることを念とするのみで、その順序には意を用いていないということに注意されたい。

(5) 学にはただ一つの目的があるのみであり、この目的へすべての学は向けられなければならない。

（若干の生活規則）

（一七）しかし我々はその目的に至ることに努め、知性を正しい道に返すように努力する間も、必然的に生活しなければならないのであるから、その故に我々は、まず何よりも先に、次のような若干の生活規則を、善きものとして前提しなくてはならない。* すなわち、

一、民衆の知能に適合して語り、且つ我々の目標達成に妨げとならないことなら、すべてこれを避けないこと。なぜなら、出来るだけ彼らの知能に順応すれば、我々は彼らから少なからぬ利益が得られるし、その上、こうしておけば、我々が真理を説く際、彼らは喜んで耳を貸すであろうからである。

二、快楽は、健康を保つのに必要な程度において享受すること。

三、最後に、生命と健康を支え且つ国の諸風習——我々の目的に反しない限りの——に従うのに必要なだけ、金銭その他のものを求めること。

（知覚の四様式について）

（一八）これらの規則を立てておいて、私はまず何より先になすべきこと、すなわち、知性を改善して、これが我々の目的達成に要求される様式でものを理解し得るようにすることに取りかかるであろう。このためには、自然の順序として、私がこれまで疑うところなく物ごとを肯定もしくは否定するのに用いた一切の知覚様式*〔認識様式〕(modi percipiendi)をここに反復することが必要である。これによって私は、すべての中の最上の様式を選択し、同時にまた私の力を、並びに、私が改善しようとする〔人間〕本性を知るようになるであろう。

（一九）よく注意すれば、この知覚様式のすべては、主として次の四つ*に還元される。

一、聞き覚えから、あるいは何らかの、いわゆる慣習的記号*から得られる知覚。

二、漠然たる経験から、言い換えれば、知性によって規定されない経験から得られる知覚。漠然たる経験と言われるのは、それが偶然の出来事にすぎないから、そして我々がこれと矛盾する他の何らかの場合も持たないという理由で我々に確実視されているに過ぎないからである。

三、*事物の本質が他の事物から結論される——といっても妥当に*結論されるわけではない——場合の知覚。これは我々が或る結果から原因を帰結する時[8]、あるいは、常に何らかの特性を伴っている或る普遍的な概念から結論がなされる時に生ずる。

四、最後に、事物が全くその本質のみによって、あるいは、その最も近い原因の認識によって知覚される場合の知覚。

(6) この際我々は、原因については、結果の中に観察する以外の何ものをも理解しない。このことは、こうした場合、原因が、故に何ものかが存在するとか、故に或る力が働いているとかいうような極めて一般的な用語でしか説明されないことから、もしくはまた、それが、故にこれあるいはあれではないなどという否定的表現で述べられることから十分明白である。都合よい場合には、*後に例示するように、結果の中に明瞭に認められる事柄にもとづいて、或ることが原因に帰せられる*が、しかしそれは、単に物の固有性だけであって、その特殊的本質ではない。

(一〇) これらすべてを、例を以て解明しよう。単に聞き覚えだけから私は、私の誕生日や、これこれの両親を持ったことや、その他同様の、それについて決して疑ったことのないような事柄を知る。漠然たる経験によっては、私が未来に死ぬだろうことを知る。これは私が、自分と同じような他の人々が死んだのを見たから信ずるのである。もっとも、すべての人が同じ期間だけ生きたわけでもなければ、同じ病気で死んだわけでもないけれども。なおまた、漠然たる経験によって私は、油が焰を維持するのに適する資料であり、水がこれを消すのに適するものであることを知る。また、犬が吠える動物であり、人間が理性的動物であることを知る。このようにして私は、生活に役立つほとんどすべてのことを知るのである。（二一）ところで、他の事物から結論するというのは、次のような場合である。すなわち、我々がこれこれの身体を感覚し、その他の何ものをも感覚しないことを明らかに知覚する時に、そのことから直ちに、我々は、精神が身体と合一していること、そしてその合一がこうした感覚の原因であることを明瞭に結論する。しかし我々は、一体その感覚とか合一とかがどんな種類のものであるかをそれから絶対的には理解出来ない(7)。――あるいはまた私が、視力の本性を識り、視力には同一物でも遠く離して見ればそれが近くで見られる時よりも小さく見えるという特性のあることを識る時に、我々はそれから、太陽が目に見えるより大きいことや、その他それと類似する事柄を結論する。（二二）最後に、事物が全くその本質のみによって知覚されるというのは、私が何か或る事を認識しているという事実から、或る事を認識するとはどんなことかを知る場合とか、精神の本質の認識から、精神が身体と合一していることを知る場合とかである。これと同じ種類の認識によって我々は、二と三を加えれば五になること、またもし二つの線が第三の線に平行なら、その二つの線もまた相互に平行であること等々を識る。しかし私がこれまでこのような認識で理解し得た事柄は、非常にわずかであった。

（7）　この例から、さっき私の注意したことが明瞭にわかる。なぜなら、その合一とはとりもなおさず感覚そのものを意味するにすぎないからである。すなわち、我々は結果を感覚し、それにもとづいて原因を結論したのだが、その原因については実は何ごとをも理解していないのである。

（8）*　このような種類の結論は、なるほど確実ではあるが、特に用心しなければ、十分安全とは言えない。最善の配慮を用いなくては、たちまち誤謬に陥るであろう。というのは、物をその真の本質によってでなく、このように抽象的に概念する時には、直ちに表象力*(imaginatio)によって混乱されるからである。なぜなら、その際人々は、それ自体では一であるものを多様に表象するから、すなわち人々は、抽象的に、きれぎれに、且つ混乱して概念したものに対して、他のもっと親しいものを表示するのに用いている名称を与え、その結果として、はじめにこの名称が与えられたものを表象すると同じ仕方で、今度のものをも表象するからである。

（二三）　さて私は、これらすべてがよりよく理解されるために、ただ一つの例で説明しよう。ここに三つの数が与えられて、その第三数に対する関係が、第二数の第一数に対する関係に等しい第四数を求めるとする。この場合普通に商人が、第四数を見出すにはどうすべきかを知っているると言えるのは、彼がその先生から証明なしにただ聞き覚えたままの手つづきを今も忘れないでいるからである。他の人々はしかし、ごく簡単な数での、例えば二・四・三・六の場合のように第四数がおのずから明白な数での経験から普遍的原則を作る。すなわち、第二数に第三数を乗じ、次にその積を第一数で除すれば六という商が生ずることを経験し、そしてこの手つづきを経ずに既に比例数として知っていたと同一の数が今出たのを見て、彼らはそのことから、これが常に第四の比例数を見出すための正しい手つづきであると結論するのである。（二四）これに反して数学者たちは、ユークリッド第七巻の定理十九の証明により、どんな数が相互に比例をなすかを知る。すなわち、比例の本性及びその特性から、第一数と第四数の積が、第二数と第三数の積に等しいことを知るのである。しかし彼らは与えられた数の比例関係を妥当には見ていない。そしてもし彼らがそれを妥当に見るとするなら、それはあの定理によってではなく、かえって直観的に、何の手つづきもなしに見るのである。

（最善の知覚様式について）

（二五）さてしかし、これらの中から最上の知覚様式を選択するには、我々の目的に達するための必然的諸手段を簡単に数えあげる要がある。すなわち、

一、改善されようとする我々の本性を正確に識り、同時に、諸物の本性に関して、必要なだけの認識を持つこと。

二、これからして、諸物がどんな点で相違し、どんな点で一致し、どんな点で矛盾するかを正しく帰結すること。

三、諸物がどんなことに順応し、どんなことに順応しないかを正しく理解すること。

四、これを人間の本性と能力とに比較すること。

こうすればそこから、人間の到達し得る最高完全性なるものが容易に明らかになるであろう。

（二六）以上の考察にもとづいて我々は、どんな知覚様式を選択しなければならぬかを見よう。

第一の様式に関して言えば、それが至って不確実なものであることはしばらくおき、我々のあげた例からわかる通り、聞き覚えによって我々は、何ら事物の本質を知覚出来ないことが自明である。そしておよそ或る事物の個的存在性は、後にわかるように、その本質が認識されなくては識られないのであるから、この故に我々は、聞き覚えにもとづく一切の確実性なるものは学問から排斥されるべきだとはっきり結論する。なぜなら、自らの知性〔による理解〕の伴わない単純な聞き覚えのみからは、誰も決して動かされることが出来ないであろうから。

(二七) 第二の様式に関して言えば、(9) これによってあの求められる比例の観念が得られるとはやはり言えない。この様式が至って不確実であって決定的でないことはしばらくおき、このような様式では、人は自然の事物に関してその偶有性しか知覚出来ない。しかし偶有性は、本質がまず認識されなくては決して明瞭に理解されることが出来ない。だから、この様式もまた排斥されなければならない。

(9)* ここで私は経験についてもっとくわしく取り扱いたい。そして経験学派の人々の、及び近頃の哲学者たちの方法を吟味したい。

(二八) ところが第三の様式については、或る意味で我々はこれによって事物の観念を捉え得ると言えるし、更にまた、誤謬の危険なしに結論を下し得るとも言える。しかしこの様式も、それ自体では、我々の完全性を獲得する手段であり得ない。

（二九）ひとり第四の様式のみは事物の本質を妥当に把握し、且つ誤謬の危険がない。だからこの様式が特に用いられるべきである。それで我々は、未知の諸物をこうした認識によって理解するためには、そして同時にそれが出来るだけ簡潔になされるためには、この様式がどんな仕方で適用されるべきかを説明することに専心しなければならない。*

（知性の道具——真の観念について）

（三〇）さてどんな種類の認識が我々にとって必要かを知っての上は、我々が認識すべきものをこうした認識によって認識する道すなわち方法が講ぜられなくてはならない。これがなされるためにまず注意すべきは、この際無限につづく探究はあり得ないということである。すなわち、真理探究の最上の方法を見出すためにはこの真理探究の方法を探究する他の方法が必要でなく、また第二の方法を探究するために他の第三の方法が必要ではない、このようにして無限に進む。実際こうした仕方では、我々は決して真理の認識に到達しないであろう、いや、およそどんな認識にだって到達しないであろう。この関係は確かに物的道具における関係と同じであって、この後者の場合同じ工合に議論がなされ得る。すなわち、鉄を鍛えるためにはハンマーが必要であり、ハンマーを手に入れるためにはそれを作らねばならず、そのためには他のハンマーと他の道具が必要であり、これを有するためにはまた他の道具を要し、このようにして無限に進む。しかしこうした仕方で、人間に鉄を鍛える力がないことを証明しようとしても無駄であろう。（三一）* 事実、人間は、最初には生得の道具を以て、若干の極めて平易なものを、骨折って且つ不完全にではあったが作ることが出来た。そしてそれを作り上げて後、彼らは他の比較的むずかしいものを、比較的少い骨折りで比較的完全に作り上げた。こうして次第に最も簡単な仕事から道具へ、更にこの道具から他の仕事と道具とへ進んで、彼らはついにあんなに多くの且つあんなにむずかしいことを、わずかな骨折りで成就するようになった。それと同様に、知性もまた生得の力[10]を以て、自らのために知的道具を作り、これから他の知的行動[11]を果す新しい力を得、さらにこれらの行動から新しい道具すなわち一層探究を進める能力を得、こうして次第に進んでついには英知の最高峰に達するようになるのである。（三二）知性がしかしそうした工合のものであることは、何が真理探究の方法かを理解し、また探究を更に進めるための他の新しい道具を作るのにそれだけは必要であるその生得の道具とはどんなものかを理解しさえすれば、容易に明らかになるであろう。これを示すため私は次のように論を進める。

(10) 生得の力とは、我々のうちにあって外的原因から生ぜられないもの*と解する。それについては後に私の哲学の中で説明しよう。

(11) ここでは行動と呼んでおく。それが何であるかは私の哲学の中で説明しよう。

(三三) 真の観念(12)(実際我々は真の観念を有するから)*はその対象と異なる或るものである。なぜなら円と円の観念とは別のものであるから。というのは、円の観念は円のように円周と中心を有する或るものではないからである。同様にまた、身体の観念は身体そのものではない。そして観念がその対象と異なった或るものであるからには、それはまた、それ自体、理解され得る或るものであろう。言い換えれば、観念はその形相的本質*(essentia formalis)という方面から見れば、他の想念的本質*(essentia objectiva)〔観念〕の対象たり得るのである。そして更にこの別な想念的本質はまた、それ自体で見れば、実在的な且つ理解され得る或るものであろう。このようにして無限に進む。(三四) 例えばペテロは実在的な或るものである。ところがペテロの真の観念は*ペテロの想念的本質〔想われたる本質〕であって、それ自体実在的な、且つペテロそのものとは全く異なる或るものである。このようにしてペテロの観念は、自らの特殊的な本質を持つ実在的な或るものであるから、それはまた理解され得る或るものであろう。言い換えれば、ペテロの観念は、それが形相的に有する一切を自らの中に想念的に有する或る他の観念の対象となるであろう。そして更に、このペテロの観念の観念が、また同様に、他の観念の対象たり得る自らの本質を持つ。このようにして無限に進む。これは誰でも実験出来ることである。すなわち、人はペテロが何であるかを知っていること、又それを知っていることを知っていること、又更にそれを知っていることを知っているということを知っていること等々に気づくのである。これからして確かなことは、ペテロの本質を理解するためにはペテロの観念そのものを理解する必要がないこと、ましてペテロの観念の観念を理解する必要はなおさらないということである。これは私が、知るためには知っていることを知る必要がなく、まして知っていることを知っているということを知る必要はなお更ないと言うと同じであって、それはあたかも三角形の本質の理解のために円の本質を理解する必要がないのと変らない(13)。むしろこれらの観念における事情は逆である。なぜなら、私が知っていることを知るためには、必然的にまず知らなければならないのであるから。（三五）これからして確実性〔確知〕とは想念的本質そのもの以外の何ものでもないということ、言い換えれば形相的本質を感受する様式の中にこそ確実性そのものは存するということが明らかである。これによって更に、真理であることが確かになるためには、真の観念を持つこと以外何ら他の標識を必要としないということが明らかである。なぜなら、既に示したように、私が知るためには知っていることを知る必要がないからである。これらのことから又更に、事物の妥当な観念あるいは想念的本質を持つ人のみが最高の確実性の何たるかを知り得ることが明らかである。疑いもなく確実性と想念的本質とは同一物だからである。

（12）ここで我々は、今しがた述べたところを説明するばかりでなく、我々がこれまで正しい道を進んで来たことを示し、同時に又、極めて知る必要ある他のことどもを示そうとしていることに注意されたい。

（13）最初の想念的本質がどのようにして我々に生得的に存するかはここでは吟味しない*ということに注意されたい。実際それは自然の探究に属する問題だからである。その時になってそれはくわしく説明され、そして同時に、観念なしには肯定も否定もまた意志も存しないことが示される。

〔正しい認識方法について〕

（三六）このように、真理は何らの標識も必要でなく、むしろ一切の疑いが除去されるためには事物の想念的本質あるいは――同じことだが――〔正しい〕観念を有するだけで十分なのだから、ここからして、真の方法は、観念の獲得後に真理の標識を求めることには存せずに、かえって、真理そのもの、あるいは事物の想念的本質、あるいは観念（これらすべては同じことを意味する）が適当な秩序で求められる[14]ための道に存するということが帰結される。（三七）従って方法は必然的に推論の仕方や理解の仕方について語らなければならない。といっても方法は、事物の原因を理解するために推論することそれ自体には存しないし、まして事物の原因を理解することにはなおさら存しない。むしろ方法は、真の観念を他の諸知覚から区別し、それ〔真の観念〕の本性を探究し、以て真の観念がいかなるものであるかを理解することに、そしてこの結果我々がどんな理解能力を持つかを識り、理解すべき一切をその規範に従って理解するように精神を制御することに、またそのため補助手段として確実な諸規則を与え、且つ精神をもろもろの無益なものからわずらわされないように配慮することに存する。（三八） このことから、方法とは、反省的認識あるいは観念の観念(cognitio reflexiva aut idea ideae)以外の何ものでもないということが帰結される。そしてはじめに観念がなくては観念の観念がないから、はじめに観念がなければ方法はあり得ない。この故に、与えられた真の観念の規範に従って精神がどのように導かれるべきかを示す方法が正しい方法であることになる。なおまた二つの観念の間にある関係は、それらの観念の形相的本質の間にある関係と同一だから、これからして、最高完全者(Ens perfectissimum)の観念の反省的認識が他の諸観念の反省的認識よりすぐれているということが生ずる。言い換えれば、最も完全な方法は、与えられた最高完全者の観念の規範に従ってどのように精神が導かれるべきかを示す方法であることになる。

(14) 精神のこの探求がどんなものかについては私の哲学の中で説明される。

（三九） 以上から次のことがたやすく知られる。それは、精神がものを理解することが多くなるにつれて、同時に、精神は、理解の道を一層容易にたどるための他の新しい諸道具〔観念〕を獲得してゆくということである。すなわち、前述のことから分るように、まず何よりも先に、我々のうちに生得の道具としての真の観念が存在すべく、この観念を理解すれば、同時に、こうした知覚と他の一切の知覚との間にある差別が理解される。この点に方法の一部は存する。ところで精神は、自然について理解することが多ければ多いだけ益々よく自らを理解することが自明であるから、ここからして、方法のこの部分は、精神が理解することが多ければ多いだけ益々完全であり、又精神が最高完全者の認識に向かう時、すなわちこれを反省する時、最も完全になるということが確かである。（四〇）次に精神は、多くを識れば識るだけ、益々よく自らの力と自然の秩序を理解する。ところが精神は、自らの力をよく理解すればするだけ益々容易に自分自身を導くこと、並びに自らのために諸規則を立てることが出来るし、また自然の秩序をよく理解すればするだけ益々容易に自らをもろもろの無益なものから遠ざけることが出来る。これらの点に、先に言ったように、全方法が存するのである。

（四一）その上また或る観念が他の諸観念に対する関係は、ちょうどその対象が他の諸事物に対する関係と同一である。*だからもし自然の中に、他の諸物と何ら交互関係を有しない或る物が存在するとしたら、そしてまたそのものの想念的本質が存在するとしたら、想念的本質は形相的本質とすべての点で一致すべきものであるから、それ〔想念的本質〕は他の諸観念とやはり何の交互関係[15]も持たないであろう。言い換えれば我々は、そのものについて何の結論もなし得ないであろう。しかしこれに反して、自然の中に存在している一切物のように他の諸物と交互関係を有するものは理解されるであろう。すなわちその想念的本質は〔他の諸観念に対して〕同様の交互関係を有するであろう。言い換えれば、他の諸観念がそれから導き出されるであろう。そして更にこれらの観念がまた他の諸観念と交互関係を持つであろう。このようにして理解の歩を一層すすめてゆくための道具が増加するであろう。これが我々の証明しようとしたところであった。(四二) なおまた終りに述べたこと、すなわち、観念は全くその形相的本質と一致すべきものであるということから、更に、我々の精神が自然のすがたの忠実な再現であるためには、すべてのその観念を、全自然の根源と源泉とを再現する観念から導き出して、この観念がまた他の諸観念の源泉となるようにしなければならないことが明らかである。

(15) 他の諸物と交互関係を持つとは、他のものから生ぜられ、あるいは他のものを生ずることである。

(四三) ここでおそらく人は、我々が、正しい方法とは精神が与えられた真の観念の規範に従ってどのように導かれるべきかを示すところのものであるという主張を、推論によって証明しようとするのを不思議に思うかも知れない。なぜならそれはこのことがそれ自体では明白でないことを示すかのように見えるからである。しかも我々の推論の正しいかどうかがまた疑問になり得る。すなわち、正しく推論するには与えられた観念から出発しなければならないが、与えられた観念から出発することは証明を要する故、我々はさらにその推論を証明しなければならず、また更に推論の証明を証明しなければならず、このようにして無限に進むからである。(四四) しかしこれに対して私は答える。もし人が自然の探究に際して偶然このように歩を進めるなら、すなわち、与えられた真の観念の規範に従って他の諸観念を適当な秩序で獲得して行ったなら、真理は、前述のように、自己自らを明らかにする*(Veritas se ipsam patefacit)ものであるから、彼は決して自らの真理について疑わなかった[16]であろうし、その上また、すべてがひとりでに彼の認識の中に流れ込んで来たであろう。だがこうしたことは、決して、あるいはまれにしか起らないから、そのため私は、偶然には獲得出来ないことをあらかじめ熟考された企てで獲得するために上のような推論を立てる必要にせまられたのだ、そして同時に、我々が真理と推論の正しいことを証するには真理そのものと正しい推論とのほか何らの道具も要しないことを明らかにしようとしたのだ。というのは、私は正しく推論することによってその推論の正しいことを立証して来たし、また今なおそれを立証しようと努めているのだから。(四五) それに加えてまた、こうした仕方で人は内的省察に慣れるという益がある。さてしかし、自然を探究するにあたり、それが適当な秩序でなされることのまれにしか起らない理由はと言えば、まず人々がもろもろの先入見に捉われているからである。その原因については後に我々の哲学の中で説明するであろう。次に、後で示すように、それには大きなそして正確な識別力が必要だが、これは極めて骨の折れることだからである。最後に、既に説かれたように、人事の状態が全く変化しやすい故である。なお他にもいろいろ理由があるけれども、我々はそれには立ち入らない。

(16) ここで我々が我々の真理について疑わないように。

(四六) もし誰かが、真理は自己自らを明らかにするのに、なぜ私自身直ちに何よりもまず自然の真理をこの秩序に従って示したのか*と尋ねるとするなら、私はその人に次の言を以て答えとし、同時に警告とする。それは、その中の至るところに出て来るであろうもろもろの逆説のためにその全体を虚偽なものとして退けてくれないように、むしろまず我々がそれをいかなる秩序で証明するかを考察してくれるように、ということである。こうすればその人は、我々の把握したものが真理であることを信ずるようになるであろう。これが、我々が方法に関する議論を以て始めた理由なのである。

（四七）もしこの後或る懐疑論者があって、最初の真理そのものについて、並びに最初の〔真理の〕規範に従って導き出されたすべてのことについてなお依然として疑いを抱くとしたら、彼はたしかに本心に反して語るのか、そうでなければ我々は、生れ付きからかあるいは先入見のために、言い換えれば何らかの外的事情のために、心も完全に盲目にされてしまっている人々のあることを容認せざるを得ないであろう。なぜなら、彼らは自己自らをさえ意識しないからである。すなわち彼らは、何かを肯定しあるいは疑っていながら、自分が肯定しあるいは疑っていることを知らないのである。彼らは自分が何も知らないと言い、更に何も知らないということすら知らないと言う。しかもそれを絶対的に言い切りはしない。なぜなら、何も知らない限りにおいて自分は存在しているということを容認するのを恐れるからである。このようにして彼らはついに真理めいた何ごとをも認めないために口をつぐまざるを得なくなる。（四八）結局このような人間とは、学問について語ることが出来ないのである。なぜなら、生活上や社交上の風習に関係する事柄については、必然的に自己の存在を認め、自己の利益を求め、多くのことをはっきり肯定または否定することを強いられながら、何かが彼らに対して証明されるとなると、彼らはその論証が正しいのか不備なのかを知らないからである。彼らは否定し、容認し、あるいは反対していながら、自分が否定し、容認し、あるいは反対していることを知らない。だから彼らは、精神を全く欠く自動機械とみなされざるを得ないのである。

（四九）さて我々の主題を反復しよう。我々はこれまで第一に、我々の一切の思想をそれへ向けるように努めるべき目的を持った。第二に我々の完全性へ到達し得るのに役立つ最上の知覚様式がどんなものであるかを知った。第三に、精神が正しく出発するためにたどらなければならない最初の道がどんなものかを知った、すなわちそれは、何らかの与えられた真の観念の規範に従い、正確な諸法則に由って、探究の歩みをつづけて行くことにある。これが正しくなされるためには、この方法は次のことを果さなければならない。一には真の観念を他の一切の知覚から区別して、精神を他の知覚から遠ざけることである。二には未知の事物がこうした規範に従って知覚されるための規則を与えることである。三には我々がもろもろの無益なものからわずらわされないように秩序を立てることである。この方法を知った後で、我々は第四に、この方法は、我々が最高完全者の観念を持った場合に最も完全になることを見た。だから我々は、はじめに、出来るだけ早く、こうした完全者の認識へ到達することに専念しなければならない。

〔方法の第一部。虚構された観念について〕

（五〇）そこで我々は方法の第一部から始めよう。それは、既に述べたように、真の観念を他の諸知覚から区別し分離して、虚偽の観念、虚構された観念及び疑わしい観念を真の観念と混同しないように精神を抑制することにある。このことを私はここで、なるべく詳しく説明するつもりである。それは読者を、この極めて重要な事柄の思索に長く引きとめて置きたいためであるが、その上また世間には、真の知覚と他の一切の知覚との間に存する区別に注意しないため、真の観念についてさえ疑う人々が多いからでもある。彼らはだから次のような人々に似ている。その人々というのは〔以前には〕目ざめていた時に自分が目ざめていることを疑わなかったが、しかしよくあるように、一度夢の中で自分が確かに目ざめていると思ったのに後でそれが偽であるとわかってからは自分が目ざめているかどうかについても疑うようになった人々のことである。こんなことが起るのは、彼らが睡眠と覚醒との正しい区別を知らなかったからである。（五一）しかし私はここでおのおの知覚の本質を論じてこれをその最も近い原因によって説明しようとするのでないことをことわっておきたい。なぜならそれは哲学に属することであるから。私はただ方法が要求するところ、すなわち虚構された知覚、虚偽の知覚及び疑わしい知覚が何に関して生ずるか、又どのようにして我々がそのおのおのから避けられるかを講述するに止める。第一に、虚構された観念について研究しよう。

（五二）一切の知覚は存在していると考えられる事物についてなされるか、あるいは全くの本質のみについてなされるかであるが、虚構*(fictio)の大部分は存在していると考えられるものに関して起るから、その故に私はまずそれについて、すなわち、単に存在だけが虚構され、そしてこれこれの存在状態において虚構されるそのものは理解されているか又は理解されていると想定されている場合について語ろう。例えば私は私の識っているペテロが家へ帰るとか、私を訪問するとか、その他同様のことを虚構する。(17) ここに問題となるのは、このような観念が何に関して生ずるかということである。私はそれが単に可能なものに関するだけで、必然なものにも関しなければ不可能なものにも関しないことを認める。

(17) 後の仮説についての注意を参照せよ。これらの仮説は我々によって明瞭に理解される。しかしそうしたものがそうしたものとして天体の中に存在すると主張する時に虚構となるのである。

（五三）私が不可能と呼ぶのは存在することがその本性に矛盾するもの、必然と名付けるのは存在しないことがその本性に矛盾するもの、可能というのはそのものの本性上存在するとしても存在しないとしても矛盾がなく、むしろその存在の必然性あるいは不可能性は、我々がそれの存在を虚構している間は我々に知られていないところの諸原因に依存するものである。だからもし外的原因に依存するその必然性あるいは不可能性が我々に識られたとなると、我々はそれについて何ごとをも虚構することが出来なくなる。* （五四）このことからして、もし神又は全知なるものが何かあるとするなら、そのものは絶対に何ごとも虚構し得ないということになる。実際我々に関するところで言えば、私は、自分が存在することを識る上は、自分の存在又は不存在を虚構することが出来ない。同様にまた私は、針の穴をくぐる象を虚構することが出来ない。また神の本性を識る以上は、神の存在または不存在を虚構することが出来ない。[19] その本性が存在することと矛盾するキマイラ*についても同様のことが言い得る。以上から、私の今しがた述べたこと、すなわち、ここに取り扱われている虚構は、永遠の真理[20]に関しては起り得ないということが明らかである。ただちにまた私は、どんな虚構も永遠の真理に関しては生じ得ないことを示すであろう。* （五五）しかし先へ進む前にここでついでに注意しておかねばならないことがある。それは、或る物の本質と他の物の本質との間に存する相違が、そのまま前者の現実あるいは存在と後者の現実あるいは存在との間にあるということである。従っても し我々が例えばアダムの存在を単に一般的存在の形で概念しようとするなら、それはあたかもアダムの本質を概念するのに有〔一般〕の本性を念頭に置いて、アダムは一個の有であると定義するのに等しいであろう。こういうわけだから、存在は一般的に概念されればされるだけ益々混乱して概念され、又益々容易にすべての物に帰せられる。反対に、存在が特殊的に概念されればされるだけ、益々明瞭にそれは理解され、又それをその物でない他の物に――自然の秩序を顧慮せずに*――帰することが益々出来難くなる。これは注意に値する事柄である。

（18） こうした事柄は、理解に上りさえすればおのずから明らかになるのだから、ただ例を挙げるだけで別に証明は要しない。同じことがその反対の場合にもあてはまる、すなわち、その偽であることが明らかになるためには、ただこれを検討すれば足りる。これは本質に関する虚構について語る時にすぐ明らかになるであろう。

（19） 多くの人々が神は存在するかどうか疑わしいと言ってはいるけれども、しかし彼らは神について名前よりほか何も知らないか、もしくは神とは呼んでいるが、後に私が適当な場所で示すであろうように、神の本性とは一致しない或るものを虚構しているかであることに注意されたい。

(20) 永遠の真理とは、肯定されはするが決して否定されない事柄と解する。だから神が存在するということは第一且つ永遠の真理であるが、アダムが思惟するということは永遠の真理ではない。キマイラが存在しないということは永遠の真理だが、アダムが思惟しないということはそうではない。

(五六) さてここに虚構であると一般に言われながら、事態が虚構されている通りでないことを明瞭に我々が理解しているような場合について考察しなければならない。例えば私は、地球が円いことを知っているにもかかわらず、人に対して、地球は半球で皿の上にある半切の橙のようなものだと言ったり、太陽が地球の周囲を廻ると言ったり、その他同様な事柄を言うことはいつでも出来るのである。これらの場合を注意するに、我々は以前に述べたところと矛盾する何ものをも見出さないであろう、ただ我々がまず、我々はかつてあやまちをする可能性があったこと、そして今はそのあやまちを意識していること、次に他人が同じあやまちの中にある、あるいはかつての我々のようにそのあやまちに落ち込む可能性があると我々が虚構し得ること、少くもそう想定し得ること――そうしたことを認めさえするならば。このことを実に我々は、それが不可能であることも必然であることも知らない限りにおいて虚構することが出来る。それで私が人に対して、地球は円くない云々と言う場合、私は自分が前に恐らく陥った、あるいは陥る可能性のあったあやまちを記憶に呼びもどし、そしてその後で、自分の話しかけている人が同じあやまちの中になおある、あるいはそれに陥る可能性があると虚構し、ないしそう想定するのにほかならないのである。これを虚構するのは、今言ったように、その不可能なことも必然なことも知らない限りにおいてである。実際そのどちらかであることを理解したなら、私は全然何ごとをも虚構し得なかったであろう。そして私はただ或る試みをやってみたと言われるだけであろう。

（五七）ところでなお述べ残されているのは、論争の場合になされる仮定についてである。この仮定はしばしば不可能な事柄についてもなされる。例えば、この燃えているろうそくが今燃えていないと仮定しようとか、それが或る想像的空間の中で、すなわちどんな物体も存在していない場所で燃えていると仮定しようとか言う場合である。後者のごときは明白に不可能と理解されるにもかかわらず、我々はしばしばこの類の仮定をする。しかしこんな場合においては全く何ごとも虚構されていないのである。なぜなら、第一の例では、私は燃えていない別のろうそくを記憶の中に呼びもどし[21]（あるいは目前のろうそくを焔なしに概念し）て、この別なろうそくについて思惟するところを、焔を念頭に置かない限りにおいての実際のろうそくについて理解するのにすぎないから。又第二の例では、周囲にある物体を我々の思想から引き離して、それ自体だけで見られたろうそくへの観察にのみ精神を向けようとするのにほかならないからである。そしてその後で、ろうそくが自分自身の壊滅に対する何らの原因も持っていないこと、従ってもし周囲の物体が存在しなかったらこのろうそく並びに焔はいつまでも不変であるだろうこと、その他これと類似の事柄を結論するのである。だからここに存するものは、決して虚構でなく、むしろ真実正銘の主張(22)なのである。

(21) 後で本質に関する虚構について述べる時に明らかになるであろうが、虚構は決して新しいものを作り、あるいは精神に示すということがない。むしろ単に頭脳、あるいは表象力の中にあるものが記憶に呼び戻され、そして精神がそのすべてへ同時に混乱して働くのである。例えば言葉というものと木というものが記憶に思い起される。そしてこれに精神が区別なく混乱して働く時に、木が話すなどということを思うのである。同じことが存在についても理解される。特にそれが、既に述べたように、ごく一般的に有として概念される時にそうである。なぜなら、その際は同時に記憶に浮ぶすべてに対して容易にそれ〔存在〕が帰せられるからである。これは極めて注意に値する事柄である。

(22) 同じことが、天体の現象に伴う一定の運動を説明するためになされる仮説についてもあてはまる。但しこの仮説を天体の運動に適用してそれから天体の本性を結論するのは禁物である。この本性は結論通りであるとは限らないのだ。殊にこうした運動の説明には他の多くの原因が考えられるのだから。

（五八）今は全くの本質のみに関する、もしくは本質と同時に或る現実すなわち存在に関する虚構に移ろう。これについては、精神は理解することがより少く知覚*することがより多ければ、それだけ大きな虚構能力を有し、また理解することがより多ければ、それだけそうした能力が減少するということを特に注意しなければならない。例えば上に、我々は思惟する限りは自分が思惟すること又は思惟しないことを虚構出来ないのを知ったが、それと同じ工合に、我々はまた、物体の本性を識った以上は、無限大の蠅を虚構することが出来ない。また霊魂[23]の本性を識った以上は、それが四角なものであることを虚構することが出来ない、尤も言葉ではどんなことでも言えるであろうが。ところが、今言った通り、人々は自然を認識することが少ければ少いだけ益々容易に多くのことを虚構し得る。例えば木が話したり、人が瞬時に石や泉に変化したり、鏡の中に幻が現われたり、無が有になったり、神までが動物や人間に変化したり、*その他無数のこうしたことがらを虚構する。

（23）しばしばあることだが、人はこの霊魂という言葉を記憶に呼び起し、それと同時に或る形体的映像を形成する。この二つが一緒に考えられる時に、人は形体のある霊魂を表象し・虚構していると容易に思い込む。それは彼が名前と物そのものとを区別しないからである。私はここに読者が私の言うところを軽率に退けないことを望む。読者もここの諸例並びに以下の事柄を十分入念に注意しさえすれば、恐らくそんなことはしまいと思うが。

(五九) 人によってはこう思うかも知れない。虚構を制限するものは虚構であって知力(理解力)ではない、言い換えれば、私が何かを虚構し、そしてそれがその通り実際に存在することを一種の自由によって承認しようと決めた上は、その結果として私は、以後それを違った仕方で思惟することが出来なくなるのだと。例えば(彼らの言い分に従えば)私が物体の本性をこれこれと虚構し、そして私の自由からその本性がその通り実際に存在することを信じようと決めた後は、私はもはや無限大の蠅のようなものを虚構することが出来ないし、又霊魂の本質を虚構した後は、それを四角なものとすることが出来ない、等々である。

(六〇) しかし我々はこれを吟味して見なければならない。まず彼らは我々が何ごとかを理解し得ることを否定するか容認するかである。もし容認するなら、彼らが虚構について言うところは、必然的に知力についても言われねばならないであろう。しかしもし否定するなら、我々は——我々が何ごとかを認識し得ることを知っている我々は——彼らの言うところが結局どういうことになるかを見てみよう。すなわち彼らの言うところに従えば、精神*(anima)は自分自身や存在する諸物をではなく、反対に、自分自身の中にも他のどこにも存在しないもののみを感覚し且つ多様の仕方で知覚し得るのだ、言い換えれば精神は、全く自分の力だけで、事物と関連のない感覚あるいは観念を創り得るのだ。従って彼らは精神をほとんど神のように考えているのである。更にまた、彼らの言うところによれば、我々あるいは我々の精神は或る自由を持っている結果、我々あるいは我々の精神自らを、それどころか精神の自由そのものをも拘束することになる。なぜなら、或ることを虚構してこれに承認を与えた後は、精神はそれをこれと違った仕方で思惟*しあるいは虚構することが出来ないし、その上、この虚構のため、他の事柄をも、この最初の虚構と矛盾しないように思惟することを強いられるからである。ちょうどここで彼ら自らが、その虚構の説の故に、我々の今検討しているような、もろもろの不条理なことを許容すべく強いられているように。しかし我々はこれを論破するため証明を用いる煩を避けたい。(六一) むしろ彼らをその妄想にまかせておいて、我々は彼らと交した言葉から、我々の目的に役立つ或る真理を汲みとることに心がけよう。それはすなわち、精神が、虚構された・そしてその本性上虚偽な事柄に対して、これを検討し・理解することにつとめ、且つそれから導き出されるもろもろの結果を正しい秩序に従って導き出すことに働く時には、精神は容易にその虚偽であることを看破するし、*又もし虚構された事柄がその本性上真ならば、精神がこれに対して理解することにつとめ、且つそれから生ずるもろもろの結果を正しい秩序に従って導き出し始める時には、何らの中断なしに首尾よくそれをつづけて行けるということ、これである。(24) これは現に上述の偽なる虚構にあたり、知性がたちまち現われて、その不条理なことを、又それから他のもろもろの不条理が導き出されることを示したことからも知られるのである。

(24) 私がこれを経験から結論するように見えるので、それは証明を欠くから何にもならないと言う人があるかも知れないが、もし証明を望むなら次に挙げる。すなわち、自然の中にはその法則に反する何ものもなく、一切物は自然の一定の法則に従って起り、一定の諸結果を*一定の法則に由り動かすべからざる連結において生ずる。これからして精神は、物を真に概念するや、ひきつづき同一の諸結果を想念的に〔観念として〕形成してゆくということが帰結される。なお後に、偽なる観念に関して述べるところを参照せよ。

(六二) だから我々は、明瞭且つ判明に物を知覚する限り、決して虚構に陥る恐れはないであろう。なぜなら、人間が瞬時にして動物に変化するなどとたまたま我々が言う場合、それは極めて一般的に言われるのであり、従って精神の中に何らの〔明瞭な〕概念ないし観念、すなわち主語と客語の連結がないからである。もしあったとすれば、同時に精神は、どのようにして又なぜこうしたことが生じたかの手段と原因を見たはずだから。その上また我々は、このような場合、主語と客語の本性に何の注意も払っていないのである。

（六三）なおまた最初の観念が虚構されたものでなく、しかもその最初の観念から他の一切の観念が導き出されさえするなら、虚構するというような軽率は次第になくなってしまうであろう。次に、虚構された観念は、明瞭且つ判明ではあり得ずもっぱら混乱したものであるが、すべての混乱は、精神が、まとまった事物あるいは多数の要素から合成された事物を部分的にしか認識せず、又認識されたものとされないものとを区別しないということから、更にまた、おのおのの事物に含まれている多数の要素に対して何らの区別なしに同時に注意を向けるということから来るのであるから、ここから次のことが生ずる。すなわち第一に、もし観念が最も単純な事物に関するものなら、それは明瞭且つ判明でしかあり得ないということである。なぜなら、こうした事物は部分的には認識され得ず、完全に認識されるかあるいは全く認識されないかでなければならないから。（六四）第二に、もし多数の要素から合成された事物が思惟によってすべての最も単純な部分に分たれ、そのおのおのに別々に注意が向けられるなら、一切の混乱は消失するであろうということである。第三に、虚構は単純なものであり得ず、むしろそれは自然の中に存在する種々の事物及び行為に関する種々の混乱した観念の合成から、よりよく言えば、種々のこうした観念に対し、承認することなしに同時に注意することから(25)(ex attentione simul sine assensu ad tales diversas ideas)生ずるということである。なぜなら、もし単純なものとすれば、それは明瞭且つ判明なものであり、従って真であるし、又判明な諸観念の合成から成るとすれば、その合成もまた明瞭且つ判明なものであり、従って真だからである。例えば円の本性を認識し、その上四角形の本性を認識した以上は、我々はもはやこの二者を合成して円を四角としたり、あるいは霊魂を四角としたり、その他こうした種類のことは出来なくなる。

(25) 虚構はそれ自体で見れば夢と大差がないこと、ただ夢では原因が意識されていないのに、覚めている者〔虚構している者〕にはそれが感官の助けによってわかっていて、それらの表象像が、現在自分の外にある事物から来ているのでないことを判断できるだけの相違であるということに注意されたい。誤謬はしかし、すぐ明らかになるように、醒めながら夢みているのである。そして誤謬があまり甚だしい時、それは妄想と呼ばれる。

（六五）改めて簡単に結論を述べて、虚構が真の観念と混同される心配が決してない次第を見よう。はじめに取り扱った第一種の虚構、すなわち事物そのものは明瞭に概念される場合に関しては、もしその明瞭に概念される事物並びにその存在が本性上永遠の真理であるなら、こうした事物について我々は何ごとも虚構し得ないことを知った。これに反して、もし概念された事物の存在が永遠の真理でない場合は、我々はただ、事物の存在をその本質と比較すること、及びそれと同時に自然の秩序に注意することに心がければよい。第二の虚構、すなわちそれは自然の中に存在する種々の事物及び行為についての種々の混乱した観念に対し、承認することなしに同時に注意することにあると言ったその虚構に関しては、我々はまた最も単純な物は虚構されずに理解されること、合成によって出来た物もそれを合成する最も単純な諸部分に注意しさえすればこれと同じであることを知った。のみならず又、このような部分を組み合せて真でない行為を虚構することも出来ないのを知った。なぜなら、我々はそれと同時に、どのようにして又なぜそうした事柄が生ずるかを考察しなければならないからである。

（虚偽の観念について）

（六六） 以上が理解されたので、今度は虚偽の観念〔誤謬〕の考察に移って、虚偽の観念が何に関して生ずるか、又どのようにして我々は虚偽の知覚に陥ちこまないように用心出来るかを見たい。虚構された観念について考察を終えた今だから、これらのことはいずれも我々にとって困難でないであろう。なぜなら、虚構された観念と虚偽の観念との間の差はただ、虚偽の観念は承認を含んでいるということ、言い換えれば（既に注意したように）、表象像が心に浮ぶ時に、その原因が意識されていないので、この表象像が自分の外にある事物から生じているのでないことを虚構の場合のようには判断し得ないということ、従ってそれは、目を開いてすなわち醒めながら夢を見ているのとほとんど異なるところがないということだけだからである。故に虚偽の観念は、虚構された観念と同様、本質の認識されている事物の存在に対して起る――（もっと適当に言えば）関係する――か、あるいは本質に関係するかである。（六七） 存在に関係するものは、虚構と同じようにして矯正される。すなわち、もし認識された事物の本性が必然的存在を含むなら、我々はその物の存在に関して思いあやまることは不可能であり、これに反して、事物の存在がその本質のように永遠の真理でなくて、存在の必然性あるいは不可能性が外的原因に依存する場合には、すべて虚構の説明の時に言ったと同じやり方をすればよい。それは同じようにして矯正されるのだから。

（六八）本質に関係する、あるいは本質と同時に行為にも関係する他種*の虚偽の観念についていて言えば、こうした知覚は、自然の中に存する諸物についての、種々の混乱した知覚から合成された、必然的に常に混乱したものである。例えば人々が、森や偶像や獣やその他のものの中に神霊が住んでいるとか、単にそれを合成しただけで知性の生ずる物体があるとか、死者が推論し、散歩し、談話するとか、神が欺かれるとか、その他こうした事柄を信ずる時の如きである。*これに反して、明瞭且つ判明な観念は決して虚偽であり得ない。なぜなら、明瞭且つ判明に概念される事物の観念は最も単純なものであるか、あるいは最も単純な諸観念から合成されたもの、言い換えれば、最も単純な諸観念から導き出されたものだからである。そして最も単純な観念が偽であり得ないことは、各人が何が真すなわち知性(verum sive intellectus)であるか、又同時に何が偽であるかを知りさえすれば明らかになるであろう。

（六九）ところで真なるものの形相を構成するものに関して言えば、確かに真の思惟と偽のそれとは、単に外的特徴によってではなく、もっぱら内的特徴によって区別される。すなわち、もし或る建築師が或る建築物を秩序正しく概念するなら、たとえそうした建築物が決して存在しなかった、又は今後も存在しないであろう場合でも、やはりその思惟は真であり、そしてその思惟は、建築物が存在すると存在しないとによって変りがない。これに反して、もし例えば、ペテロが存在することを知らないのにペテロが存在すると言う人があるなら、そうした思惟はその人にとって偽であり、たとえペテロが実際に存在していても真でないと言ってさしつかえない。* そしてペテロが存在するというこの命題は、ペテロが存在することを確実に知っている人にとってのみ真なのである。（七〇）これからして、観念の中には、真なるものを偽なるものから区別する実在的な或るものがあるということが生ずる。我々は真理の最善の規範を持つため（なぜなら我々は、我々の思想を与えられた真の観念の規範に従って規定すべきことを、並びに方法は反省的認識であることを説いたから）、及び知性の諸特性を識るために、今や正にこの点を究明しなければならないであろう。しかしこの相違が次のことから、すなわち、真の思惟は事物をその第一原因から認識するにあるということから生ずるとは言えない。なるほど、先の説明から知られるように、この点において真の思惟は偽のそれと大変違っているけれども。それならなぜそう言えないかといえば、原因を持たず・自らによって又自らにおいて認識されるところの或る原理の本質を想念的に含む〔正しく表現する〕思惟もまた真と称せられるからである。（七一）だから真の思惟の形相は、他の思惟に関係なく、その思惟自体の中に存していなければならない。そしてそれは対象を原因として認知することなく、かえって知性の能力及び本性そのものに依存しなければならない。なぜなら、神の知性は、万物を創造する前に、いまだかつて存在しなかった事物を知覚した、と人々が考えるのにならって、我々がもし、我々の知性はいまだかつて存在しなかった新しい或るものを知覚した（たしかにこうした知覚はどんな対象からも生じたわけはなかった）、そしてこうした知覚から他の諸知覚を正当に導き出す、と想定するなら、こうして生じた一切の思惟は真であって、しかも何らの外的対象によっても規定されることがなく、かえって全く知性の能力と本性のみに依存したであろうからである。それ故に人は、真の思惟の形相を構成するものを、その思惟自体の中に求め、知性の本性から導き出さなければならない。（七二）そこでこれを究明するため、我々は、その対象が我々の思惟力に依存していて自然の中には存在していないことを十分確実に知っているところの或る真の観念を眼前に浮べよう。なぜなら、前に言ったことから明らかなように、こうした観念において我々は我々の欲するところをより容易に究明出来るであろうから。例えば、球の概念を形成するため、私は任意の原因を虚構し、半円が中心のまわりを廻転してこの廻転からいわば球が生ずるとする。この観念はたしかに真である。そして我々は、自然におけるどんな球もいまだかつてそのようにして生じたことがないのを知っているのだけれども、しかしこれは真の知覚であり、また球の概念を形成する最も簡単な仕方である。ここに注意すべきは、この知覚が半円の廻転を肯定しているが、しかしこの肯定は、もしそれが球の概念と、あるいはこうした運動を規定する原因の概念と結びつくのでなければ偽だということ、すなわち、一般的に言って、もしこの肯定が単独に存するなら偽だということである。なぜならその場合には、精神はただ、半円の運動という、半円の概念の中に含まれてもいなければ、又こうした運動を規定する原因の概念から生じもしないものを肯定することにのみ向けられているからである。だから虚偽は、例えば半円の運動あるいは静止のように、単に、或る事物について、我々がその事物につき形成した概念の中に含まれていない事柄を肯定するという点にのみ存する。ここから、単純な思惟は真でしかあり得ないことがわかる、例えば半円・運動・量等のような単純な観念がそれである。これらの観念の中に含まれている肯定は、それらの概念と全く合致し、それ以上に及ばない。だから我々は、誤謬の不安なく任意に単純な観念を形成出来るのである。

(七三) 従って残るところは、ただ、どのような能力で我々の精神がこれを形成出来るか、また、どこまで遠くこの能力が及ぶかの問題だけである。これがわかれば我々は、我々の到達し得る最高の認識なるものを容易に知ることが出来るであろう。実際、精神のこの能力が無限にまで及ばないことは確かである。なぜなら、我々が或る事物について、その事物の概念の中に含まれていない事柄を肯定する時、それは我々の知覚の欠陥を、あるいは我々がいわば切断された奇形な思想ないし観念を持つことを表示するからである。例えば、我々が見たように半円の運動という観念は、それが精神の中に単独に存する時は偽であり、その同じ観念が、球の概念又はそうした運動を規定する何らかの原因の概念と結びつくなら真なのであるから。さても し真実な、すなわち妥当な思想を形成することが、一考して明らかなように、思惟する実体の本性に属するなら、非妥当な観念は確かに次のことから、すなわち我々は或る思惟する実体の一部分であって、その思惟者の思想の或るものは完全に、或るものは部分的にだけ我々の精神を構成しているということ、ただこのことからのみ我々の中に生ずるのである。*

（七四）しかしここに考慮しなければならないことがある。これは虚構の場合にはわざわざ注意するに及ばなかったことだが、最も大きな錯誤のもとになることである。それは、表象力において現われる事柄が知性においても存する場合、言い換えれば明瞭且つ判明に概念される場合である。こんな場合、判明なものが混乱したものと区別されない限りは、確実性すなわち真の観念は不判明な観念と混同されるのである。例えばストア派の或る人々は、たまたま人々が霊魂について語るのを、そしてそれが不滅なものであることを聞き、これを混乱してのみ表象した。そしてまた、最も微細な物体が一切の他の物体に滲透し、自らはどんなものからも滲透されないことを表象し、同時に理解した。これらすべてを同時に表象し、それに今述べた公理の確実性を結びつけて、彼らはわけもなく、精神がその最も微細な物体から成ること、その最も微細な物体は分割され得ないこと、等々を信じた。（七五）けれども我々は、我々の一切の知覚を与えられた真の観念の規範に従って吟味し、一方、はじめに言ったように、聞きおぼえや漠然たる経験によって得られるものに対して用心することに努めるなら、こうしたことをも避けられるのである。更に言えば、こうした錯誤は事物をあまり抽象的に概念することから生ずる。なぜなら、その本来の対象において概念するところのことを、他の物に適用出来ないのは十分自明だからである。最後に、それはまた、人々が全自然の第一の要素を理解しないことからも生ずる。すなわち、そのため彼らは秩序を踏まずに思惟をすすめ、自然を真ではあるが抽象的な公理と混同する結果、自分自身混乱してしまい、自然の秩序を転倒するようになるのである。しかしもし出来るだけ抽象的な進み方を避けて、出来るだけ早く自然の第一の要素から、言い換えれば自然の源泉と根源とから出発すれば、我々は決してこのような錯誤に陥る恐れはないであろう。

（七六） ところで自然の根源の認識に関して言えば、それが抽象的な概念と混同される心配は少しもない。というのは、何かが抽象的に概念される時には、すべての普遍概念の場合のように、それらの概念は、知性の中で常に、その概念の対象である個々物が実際自然の中に存在し得ている範囲を越えて把握される。更に又自然の中には、ほとんど知性の目に止らないほど些細な差異を持つ多くのものが存在するから、（もし抽象的に概念されれば）それらの間に容易に混同が起り得る。しかるに、自然の根源は、後で見るであろうように、抽象的に、あるいは普遍的には概念されることが出来ないし、また、実際に存しているより広く知性の中で拡大されることも出来ないし、又、変化する諸事物とは何らの類似性も持たないのであるから、我々が真理の規範(既に示した)を有する限りは、その観念に関して決して混乱に陥る恐れはない。このものこそ確かに唯一無限(26)である。言い換えればそれは一切の有(omne esse)であり、それを外にしてはいかなる有も存在しないのである。(27)

(26) これらは神の本質を示すところの属性ではない、* このことを私は哲学の中で明らかにするであろう。

(27) これはすでに上に証明されている。なぜなら、もしこうしたものが存在しないとしたら、それは決して〔精神によって〕産出され得なかったはずであり、* 従ってこの場合精神は、自然がもたらし得る以上を認識し得たことになるが、それは上に明白にされたように虚偽であるから。

(疑わしい観念について)

(七七) 虚偽の観念についてはこれだけにしておく。残るのは疑わしい観念に関して考察することである。言い換えれば、どんなものが我々を疑惑の中に引き入れ得るか、又同時に、どのようにしてこの疑惑が除去されるかを考察することである。私の語るのは精神の中にある実際の疑惑についてであって、しばしば見るように、心では疑っていないのに言葉だけで疑っていると称する場合についてではない。なぜなら、これを矯正するのは方法の任務でなくて、むしろ強情の考察とその矯正に属するからである。（七八）ところで、どんな疑惑も、疑惑される物そのものだけによっては精神の中に生じない。言い換えれば、もし精神の中に一つの観念しかないなら、それが真であると偽であるとを問わず、何らの疑惑もなければ又確実性もないであろう。そこにはただ一種の感覚があるだけである。なぜなら観念は、それ自体では一種の感覚に外ならないのであるから。疑惑はむしろ、疑惑される物について或る確かな事柄を結論出来るほど明瞭且つ判明でないところの他の観念によって生ずるであろう。すなわち、我々を疑惑の中に投ずる観念が明瞭且つ判明でないのである。例えば経験なり何なりから感官の欺瞞について思惟したことのない人は、太陽がその見えるより大きいか小さいかを決して疑わないであろう。だから百姓などは、太陽が地球よりもはるかに大きいと聞くとしばしば不思議の思いをする。しかし感官の欺瞞について思惟することにより疑惑が生れる(言い換えれば、*人は感官が時々自分を欺いたことを知るのである。しかし知ると言ってもそれは単に混乱してのみ知るにすぎない。なぜなら、どのような工合に感官が欺くかは知らないのだから)。そしてもし、疑惑の後に、感官に関して真の認識を得て、事物は遠く離れれば感官の媒介によってどんなに現われるかを知る時、再び疑惑が除去されるのである。（七九）これからして次のこと、すなわち、十分確実な事柄においてさえ我々を欺瞞する或る欺く神(aliquis Deus deceptor)が存在しているかも知れないという理由で真の観念を疑い得るのは、* 我々が神について何ら明瞭且つ判明な観念* を持たない限りにおいてのみであるということが生ずる。言い換えれば、もし我々が一切の事物の根源に関して有する認識に注意してみて、神は欺くものでないことを、我々が三角形の本性に注意する時その三つの角の和が二直角に等しいことを見出すと同様の明瞭さで我々に告げる何ものをも見出さないとするならば〔こうした疑いは存続するが* 〕、しかしもし我々が、三角形について持つような認識を神について持つなら、すべての〔こうした〕疑いは除去されるのである。そして我々は、或る最高の欺瞞者が我々を欺くかどうかを確実に知らないにもかかわらず、三角形についてこうした認識に到達出来るように、ちょうどそのように我々は、最高の欺瞞者が存在するかどうかを確実に知らないにもかかわらず、神についてもこうした認識に到達することが出来る。そしてこれを得さえすれば、今言ったように、我々が明瞭且つ判明な観念について持ち得る一切の疑惑を除去するのに十分なのである。（八〇）更に又、もし人が、初めに探究すべきことを、何ら事物の連結を中断することなしに正しく探究しつづけて行くならば、そして問題の解決に取りかかる前にこれをどのように規定すべきかを知るならば、その人は決して最も確実な観念しか、言い換えれば、明瞭且つ判明な観念しか持たないであろう。なぜなら、疑惑とは或る肯定あるいは否定に関する判断の停止に外ならないのであり、そしてこの肯定あるいは否定は、もしそれを知らないことのためにその〔肯定あるいは否定されるべき〕事物の認識が必然的に不完全にされるような或るものに出会わなかったなら既になされていたであろうからである。これから疑惑は、事物を秩序によらずに探究することから常に生ずるということが帰結される。

〔記憶と忘却について。　結論〕

（八一）以上は私が方法のこの第一部で述べようと約束した事柄である。しかし知性とそのもろもろの力の認識に役立ち得るものはすべてこれを洩らさないため、私は更に記憶と忘却とについて少しく説きたい。この際特に考慮すべきは、記憶は知性の助けによっても強まり、また、知性の助けがなくても強まるということである。すなわちはじめの点に関して言えば、物は理解できるものであればあるだけ容易に頭に残り、これに反してそうでなければないだけ容易に我々はこれを忘れる。例えば私が人に沢山の連絡のない言葉を伝える場合、その人は、私が同じ言葉を物語の形式で伝える場合より、はるかに記憶し難いであろう。（八二）次にまた知性の助けを借りなくても強められるというのは、すなわち、表象力あるいはいわゆる共通感覚*(sensus, quem vocant communem)が有形的な個々の事物から触発されるその力によってである。私は個々のと言う。なぜなら、表象力は個々物によってのみ触発されるからである。もし人が例えばたった一つの恋愛物語しか読まなかったとすれば、その人は、同種の他の多くのものを読まない限りにおいて、最もよくこれを記憶するであろう。なぜならこの場合、その物語だけが表象力の中に働くからである。これに反して、もし同種の多くのものが存在すれば、すべてが同時に表象され、且つ容易に混同される。私はまた有形的なと言う。なぜなら、形体のあるものによってのみ表象力は触発されるからである。このように、記憶は知性の助けによって強まり、また知性の助けがなくても強まるから、これからして、それは知性と異なる或るものであり、またそれ自体で見られた知性にあっては何らの記憶も忘却も存しないことが結論される。（八三）では一体記憶とは何であろうか。それはほかでもない、脳における印象の感覚がその感覚の一定持続(28)の意識と結びついたものである。これと同じことが想起の場合にも見られる。なぜなら、想起にあっても精神はこうした感覚を意識するから。しかしそれは間断のない持続においてではない。このようにして、この感覚の観念〔想起〕は感覚の持続そのものとは異なる、すなわち記憶そのものとは異なるのである。* しかし、観念そのものが壊滅するものかどうかについては哲学の中で吟味しよう。そしてもしこのことが人にきわめて不条理に思われるにしても、我々の主題のためにはただ、物が特殊的であればあるだけ――さっきあげた物語の例から明らかなように――記憶に容易であるということを考えるだけで十分であろう。その上、物は理解できるものであればあるだけまた記憶に容易なのである。だから、最も特殊な物は、それがただ理解できるものでさえあれば、決して我々の頭から去り得ないのである。

(28) これに反してもし持続が一定でないなら、そのものについての記憶は不完全である。各人はすでにこれを本能的に知っているように見える。なぜなら、人の言うところをよりよく信ずるため、我々はしばしば、それがいつ又どこで起ったかを尋ねるから。* 観念そのものもまた精神の中に自らの持続を持つものであるけれども、我々はしかし持続を運動の量によって限定することに慣れており、そしてこのことはやはり表象力の助けでなされるのだから、我々はいまだ純粋に精神的な記憶なるものを認めないのである。

(八四) 以上我々は、真の観念と他の諸知覚とを区別し、且つ虚構された観念、虚偽の観念、その他は表象力に起因することを、＊言い換えればそれらの観念は、身体があるいは夢見ながら、あるいは醒めながら種々の刺激を受けるにつれて、精神の能力自身からではなく外的原因から生ずるところの、偶然なそして(いわば)連絡のない諸感覚に起因することを示した。ここに表象力とは、ただそれが知性と異なる或るものであり、それによって精神が受動の関係におかれるものでさえあれば、人々の欲するままに解して差しつかえない。実際我々は、表象力が漠然たる或るものであり、精神を受動的たらしめるものであることを知る限り、そして同時に、どのようにして知性の助けによって我々がこれからのがれられるかを知る限り、それをどう解しようと差異がないからである。だから、私がここにまだ身体の存在やその他必要なもろもろのことを証明しないのに表象力や身体や身体の性情について語っているのを、何びともあやしまないであろう。今言ったように、表象力が漠然たる或るものであり云々を知る限り、それをどう解しても差異がないのだから。

(八五) これに反して真の観念は単純であり、あるいは単純な諸観念から合成されていて、どのようにして又なぜ或る物が存在しあるいは生起したかを示すこと、並びに、その想念的諸結果〔観念から生ずる諸結果〕が精神の中で対象の形相性〔対象の中に実際に起ることがら〕に相応して進展することを我々は説いた。これは古人が、真の知識は原因から結果へ進むと言ったのと同じ意味である。ただ彼らは、私の知るところでは、ここでの我々とは違って、精神が一定の法則に従って活動しいわば一種の霊的自動機械であるということを決して考えていなかっただけである。（八六）これを以て我々は、最初に可能だった限り、我々の知性に関する知見を得たし、又真の観念の規範を得て、真なるものが虚偽なるもの、あるいは虚構されたものと混同されるおそれがないようになった。我々はまた、なぜ決して表象力のもとに入って来ない事柄を我々が理解するかとか、表象力のうちにあるものがあるいは知性と全然矛盾するものであったり、あるいはこれと一致するものであったりするかをあやしまないであろう。なぜなら我々は、表象を産出する活動が知性の法則と全然異なる他の法則に従って起り、そして精神は表象作用に関しては受動的関係に立つに過ぎないことを識っているからである。（八七）これからまた、表象力と知力とを正確に区別しない人々が、どんなに容易に大きな誤謬に陥り得るかということが明らかである。それは例えば、延長*は必ず局所的であって有限でなければならないとか、その部分は相互に実在的に区別されるとか、それは万物の第一且つ唯一の基礎であるとか、又

それは或る時には他の時より大きな空間を占めるとか、その他これに類する多くの事柄であるが、これらすべては、我々が適当な場所で示すであろうように、全然真理に反することなのである。

（八八）　また言葉は表象の一部を成すから、言い換えれば、言葉が身体の状態により漠然と記憶の中で合成されるにつれて我々は多くの概念を虚構するから、十二分に用心しない限り、言葉もまた、表象力のように多くの大きな誤謬の原因となり得ることは疑い得ない。（八九）　その上言葉は民衆の好みと把握力に応じて構成されている。従ってそれは、知性のうちにある通りのではなく表象のうちにある通りの事物の記号でしかない。このことは人々が、知性のうちにのみあって表象のうちにはないもののすべてにしばしば非物体的・無限的等々の否定的名称を与えた事実から、又実際においては肯定されている多くのものを創造されざる・依存せざる・限りなき・不死の等々のように否定的に——そして逆に、否定されているものを肯定的に——表現する事実から明瞭である。それは確かにその反対の場合がはるかに表象しやすく、従ってそれがまず最初の人間たちの頭に浮んで積極的名称を獲得したのによるのである。肯定なり否定なりは、事物の本性がではなく言葉の本性がそれを許すためになされていることが多い。

だから、事物の本性を識らなければ、我々は容易に偽なるものを真と想定するであろう。*

（九〇）そのほか我々は、知性が自らを反省するのに妨げとなる混乱のもう一つの大きな原因を避けなければならない。すなわち我々が表象力と知力を区別しない限り、より表象しやすいものを我々にとってより明瞭だと思い、また表象しているものを理解していると思うことになる。この結果我々は、後にしなければならないことを先にし、こうして認識を進めてゆくための真の秩序が転倒され、正当な結論をすることが出来なくなるのである。

（方法の第二部。事物理解の二様の形式について）

（九一）さて最後にこの方法の第二部[29]に至るため、私は最初にこの方法における我々の目標を、そして次にこれに達するための手段を明らかにするであろう。我々の目標は、明瞭且つ判明な観念を、すなわち身体が受ける偶然な刺激からでなく、純粋精神から生ずる観念を持つことにある。そして我々は、すべての観念を一に還元するため、それらを連結し・秩序づけ、以て我々の精神が出来る限り自然の形相性〔実在するままの自然〕をその全体に関してもその部分に関しても想念的に〔思惟内容として〕再現するように努めるであろう。*

（29）この部の主要規則は、第一部から明らかなように、我々の内に見出されるところの、純粋知性*から来る一切の観念を検討し、これを我々が表象作用によって得る諸観念と区別するにある。この区別は両者、すなわち表象力と知力との特性から導かれねばならない。

（九二）初めの事柄について言えば、我々の終局目的のためには、既に述べたように、事物が全くその本質のみによって概念されるか、それともその最も近い原因によって概念されるかが必要である。すなわち、もし事物がそれ自体で存在しているなら、あるいは世に言う自己原因(causa sui)であるなら、それは全くその本質のみによって理解されなければならないし、これに反してもし事物がそれ自体で存在せず、存在のために原因を要するなら、それはその最も近い原因によって理解されなければならないのである。なぜなら、実際のところ、結果を認識するということは、原因についてのより完全な認識を得ることにほかならないからである。(30)（九三）だから我々は、事物の探究にたずさわる限り、決して抽象的概念から結論を下してはならない。そして単に知性の中にのみあるものを、実在するものと混同することのないよう十二分に用心しなければならない。むしろ最上の結論は、或る特殊的肯定的本質(essentia particularis affirmativa)から、すなわち、* 真実且つ正当な定義から引き出されるべきであろう。なぜなら、単に普遍的公理のみからは知性は個物へと降下することが出来ないからである。実際、公理は無限の範囲にまで及んでいて、知性を、或る個物を考察することに対し、他の個物を考察することに対してよりより多く規定するということはないから。（九四）それ故に何ごとかを発見するための正しい道は、或る与えられた定義からもろもろの思想を形成してゆくことにある。このことは、我々が物をよりよく定義すればするだけ首尾よく且つ容易に進行する。だから方法のこの第二部全体の要点は、全く以下の点に、すなわち、よき定義の条件を認識することに、次にこうした定義の発見法〔を知ること〕に存する。そこで私は最初に、定義の条件について論じよう。

（30） これからして我々は、自然について何ごとをも、同時に第一原因すなわち神に関する認識を広めずには理解し得ないことが明らかであることに注意されたい。

（定義の諸条件について）

（九五）定義が完全と言われるためには、事物の内的本質を明らかにしなければならないであろう、そして本質の代りに或る固有性を以てすることのないように用心しなければならない。これを説明するために、私は好んで他人の誤謬を摘発するように見える他の諸例*はおいて、ただ、どのように定義されてもさしさわりのない或る抽象的事物、例えば円を例にとろう。もし円が、中心から円周へ引かれた諸線の相等しい図形であると定義されるなら、何びともこうした定義が少しも円の本質を明らかにせず、ただその或る特性を明らかにするにすぎないことを見のがさないであろう。そしてこのことは、今言ったように、図形やその他の理性の有(entia rationis)に関してはそれほど影響しないが、しかし自然的実在的有(entia Physica et realia)については結果するところが大きい。疑いもなく事物の諸特性は、その本質が識られない限りは正しく理解されないからである。もしこうした本質を見すごしてしまうなら、我々は自然の連結を再現すべき知性の連結*を必然的に転倒し、我々の目標から全く遠ざかることになるであろう。（九六）そこでこの失敗を避けるため、定義に関しては次のことが守られなければならない。

一、もしそれが創造された事物であるなら、定義は、既に言ったように、最も近い原因を包含しなければならない。例えば円は、この法則に従えば、次のように定義されるべきであろう。すなわち円とは、一端が固定し他端が運動する任意の線によって画かれた図形であると。この定義は明瞭に最も近い原因を包含している。

二、事物の概念すなわち定義は、他のものと結び付けずにただそれだけを見てそれから事物のすべての特性が結論され得るようでなければならない。これは今あげた円の定義において見られるところである。なぜなら、円の中心から円周に向って引かれたすべての線が相等しいことは、その定義から明瞭に結論されるからである。これが定義の必然的一要件であることは注意して考えればおのずから明白な事柄であって、わざわざその証明に立ち入るまでもないと思われる。そしてまたこの第二の要件から、すべての定義が肯定的でなければならないということが生ずるということも特に言わずして明らかである。私はここで知性による肯定のことを言うのであって、肯定的に理解されながらも語彙《ごい》が乏しいためにしばしば否定的に表現されることのあり得る言葉上のことはほとんど顧慮していない。

(九七) しかし創造されない事物の定義の要件は次のようである。

一、その定義は一切の原因を排除しなければならない。言い換えれば、こうした事物は自己の説明のために自己自身の本質以外の何物をも要してはならない。

二、一たびその事物の定義が与えられた以上は、それが存在するかどうかという問題の起る余地があってはならない。

三、その定義には実質上*(quoad mentem)形容詞にもなされ得るような名詞を含んではならない。言い換えれば、それは何らかの抽象的概念によって説明されてはならない。

四、そして最後に、(これを注意することはそれほど必要ではないのだが)その定義からその事物の一切の特性が結論されることを要する。

以上すべてもまた、よく注意して考えれば、明白なことであろう。

(九八) なお私はさきに、最上の結論は或る特殊的肯定的本質から引き出されるべきだと言った。なぜなら、観念はより特殊的であればそれだけ判明であり、従って明瞭だからである。だから我々は、出来るだけ多く特殊性の認識を目ざさなければならない。

（永遠なる事物を認識する手段について）

（九九）ところで、秩序に関する問題に移るが、我々のすべての知覚が秩序づけられ・合一されるためには、出来るだけ早く、*理性の要求するところに従い、次のことを、すなわち、万物の原因であってそれの想念的本質〔我々の精神の中におけるそのものの観念〕がまた我々のあらゆる観念の原因であるような或るものが存在するかどうか、また同時にそれがどんなものであるかを探究することが必要である。そうすれば我々の精神は、前に言ったように、最も完全に自然を再現することになるであろう。なぜならその場合、我々の精神は、自然の本質・秩序・合一性を想念的に含む〔正しく認識する〕であろうからである。これからして、我々の一切の観念を常に自然的事物すなわち実在的有から導き出すことが何より我々に必要であることを知り得る。すなわち、でき得る限り原因の系列に従って一の実在的有から他の実在的有へと歩を進めなければならない、そしてその際抽象的普遍的概念へ移行してはならない。例えば抽象的普遍的概念から実在的事物を結論したり、実在的事物から抽象的概念を結論してはならない。なぜなら、そのどちらもが知性の真の進行を中断するからである。（一〇〇）しかし注意しなければならないのは、私がここで原因の系列とか実在的有の系列とか言うのは変化する個物の系列のことではなくて、ただ確固・永遠なる事物*(res fixae et aeternae)の系列のことなのである。というのは、変化する個物の系列を捕捉することは人間の無力にとって不可能なわざであろう。それらの事物はあらゆる数を越えて多量にあるし、また同一事物内においても無限に多くの事情があって、そのおのおのがその事物の存在又は不存在の原因たり得るからである。事実それらのものの存在は、その本質とは何らの関連を持たないのだから、すなわち(既に言ったように)永遠の真理ではないのだから。

（一〇一）しかし、実際のところまた、それらの系列を理解することは必要でもない。なぜなら、変化する個物の本質はその系列すなわちその存在する秩序からは引き出されないからである。存在する秩序は外的特徴・関係あるいはせいぜい事情といったような、すべて事物の内的本質とは全くかけ離れた事柄以外の何物をも我々に提示しないから。この本質は実にただ確固・永遠なる事物から、同時にまた、真の法典としてのこれらの事物の中に刻みこまれているところの法則、それに従って一切の個物が生起し且つ秩序づけられているところの法則からのみ求められる。のみならずこれらの変化する個物は内的に且つ(いわば)本質的にこうした確固たる事物に依存し、後者なくしては前者は存在することも概念されることも不可能である。従ってこれらの確固・永遠なる事物は、たとえ個物であるとはいえ、* しかしその遍在性と、極めて広きにわたる能力との故に、我々にとってあたかも普遍概念の如きもの、あるいは変化する個物を定義するための類(genera)の如きものであり、又一切の事物の最も近い原因である。

(一〇二) しかし以上のような次第としても、我々がこれら〔変化する〕個物の認識に至り得るためには少なからぬ困難が伴うように見える。なぜなら、これら一切を同時に概念することは人間の知性の力をはるかに越える事柄であるから。だからと言って或る物が他の物に先だって理解される順序は、既に述べたように、それらのものの存在系列からは求められないし、また永遠なる事物からも求められない。なぜならそこ〔永遠なる事物〕では、これら一切は本性上同時に存在するからである。だから永遠なる事物とその法則とを理解するのに用いる手段のほか、必然的に他の補助手段が求められなければならない。しかしこれを取り扱うことはこの場所には適当しないし、またそれは我々が永遠なる事物とその必至の法則とについて十分の認識を得且つ我々の感官の本性を知った後でなくては必要でもない。

（一〇三）* 我々が個物の認識にとりかかる前に、次のような補助手段について述べるべきであろう。その補助手段はすべて、我々に、我々の感官の用い方を教え、且つ探究される事物を規定するのに十分な実験を一定の法則と秩序に従って行うことを教えるものである。これによって、我々はついにその事物が永遠なる事物のどんな法則によって生起するかを結論し得るし、又その事物がどんな内的本性を有するかを知るようになるであろう。しかしこれについては適当な場所で述べることにする。ここでは主題にたちもどって、ただ永遠なる事物の認識に到達するのに必要であり又上述の条件に従ってその定義を形成するのに必要であると思われる事柄だけを取り扱うことにつとめよう。

（一〇四）このためには、我々が先に述べたところを記憶に呼びもどさなければならない。それはすなわち、精神が、或る思想に対して、これを検討し・それから正当に導き出されるもろもろの結果を正しい秩序に従って導き出すことに努める場合、もしその思想が偽であったなら、精神はその思想の虚偽なることを看破する、しかしもし真であったなら、何らの中断なしに首尾よくそれからもろもろの真なる観念を導き出しつづけて行ける、ということである。実にこのことが我々の目的のために必要なのである。なぜなら、これ以外のどんな基礎によっても、我々の思想は規定され得ないからである。* (一〇五) そこでもし我々が万物の中の第一のものを探究しようとするなら、我々の思想をそこへ導く或る基礎が必然的に与えられなければならない。ところで方法は反省的認識にほかならないから、我々の思想を導くべきこの基礎は、真理の形相を構成するものの認識、及び知性とその諸特性と力との認識以外であり得ない。実際この認識が得られれば、我々は我々の思想を導き出す基礎を持つことになり、また知性が、その能力の及ぶままに、永遠なる事物の認識に到達し得る——勿論知性の力に比例してであるが——ところの道が明らかになるであろう。

(知性の力とその諸特性について)

(一〇六) さてもし第一部で示したように、真の観念を形成することが思惟の本性に属するとするなら、我々は今ここに、知性の力ないし能力を如何に解すべきかを探究しなければならない。しかし知性の力とその本性を最もよく理解することが我々の方法の主要部分であるから、我々は(方法のこの第二部で論じたところにより)必然的にこれを思惟ないし知性の定義そのものから導き出さなければならない。（一〇七）だがしかしこれまで我々はまだ定義を発見する何らの規則をも持たなかったし、そしてまたそうした規則を立てることは、まず知性の本性すなわち定義とその能力とが認識されなくては出来ないから、これからして、知性の定義は、それ自体で明瞭でなければならないか、それとも我々は〔それについて〕何ごとをも理解し得ないかであるということになる。しかしその定義はそれ自体では完全には明瞭でない。ところが知性の諸特性は、知性から生ずる一切のものと同様、まず、その本性が認識されなくては明瞭且つ判明に知覚し得ないものであるから、それ故に、もし我々が明瞭且つ判明に理解するところの知性の諸特性に注目すれば、知性の定義はおのずから明らかになるであろう。だから我々はここに知性の諸特性を列挙し、これを注意深く観察し、そして我々にそなわる生得の道具[31]について検討を始めよう。

(31*) 前の二八、二九ページ以下を見よ。

（一〇八）私が特に注目した・そして明瞭に理解する知性の諸特性は次のようである。

一、知性は確実性を包含する。言い換えれば、知性は事物が知性の中に想念的に〔観念として〕含まれている通り形相的に〔実在的に〕存することを知る。

二、知性は或る事柄を絶対的に知覚する。すなわち或る種類の観念を絶対的に形成する。しかし又或る種類の観念はこれを他の観念から形成する。例えば量の観念は他の思想を考慮に入れずに絶対的に形成するが、運動の観念は量の観念を考慮に入れてのみ形成する。

三、知性が絶対的に形成する観念は無限性を表現する。これに反して他から形成するのは限定された観念である。例えば知性が量の観念を原因によって知覚するなら、知性はそれを量を通じて限定しているのである。* 立体が或る平面の運動から、平面が線の運動から、更にまた線が点の運動から生ずると知覚する時の如きである。こうした知覚はしかし、量そのものを理解するのには役立たず、ただ量を限定するのに役立つのみである。これは次の事実から、すなわち、我々はこれらの知覚をいわば運動から生ずると考えているが、しかし運動は、まず量そのものが知覚されなくては知覚されないという事実から明らかである。同様にまた我々は、線を形成するための運動を無限に継続することが出来るが、それはもし我々が無限の量という観念を持たなかったなら、決して出来なかったであろう。

四、知性は否定的観念よりもまず肯定的観念を形成する。

五、知性は事物を持続のもとによりも或る永遠の相のもとに(sub quadam specie aeternitatis)及び無限数のもとに知覚する。あるいはむしろ、事物を知覚するのに、数をも持続をも考慮に入れない。しかし事物を表象する時には、これを一定の数・一定の持続及び量のもとに知覚する。

六、我々が明瞭且つ判明に形成する観念は、我々の本性の必然性だけから生ずるように見え、絶対的に我々の能力にのみ依存する観がある。混乱した観念はこれと反対である。すなわちそれはしばしば我々の意に反して形成される。

七、知性が他から形成する事物の観念は、精神によって種々の仕方で限定され得る。例えば楕円形の平面を限定するために、紐に附着した石筆が二つの中心のまわりを運動すると虚構したり、或る与えられた直線に対して常に同じ一定の関係を持つ無数の点を概念したり、その俯角が頂角より大きいように或る斜面によって切断された円錐形を概念したり、その他の無数の仕方でなされる。

八、観念は、その表現する対象の完全性が大であればあるだけ完全である。実際我々は小堂を案出した建築師を、宏壮な殿堂を案出した建築師ほどには讃美しない。

(一〇九) 思惟に関係あるその他の事柄、例えば愛・喜び等には私は立ち入らない。なぜなら、それらは我々の現在の計画とはかかわりがないし、又それらは知性がまず考えられない限りは考えられることも出来ないからである。実際、知覚が全然除去されれば、それらすべても除去されるのだから。*

（一一〇）虚偽の観念及び虚構された観念は（我々が十分示したように）、それらをして虚偽の、あるいは虚構された、と呼ばしめる何らの積極的なものをも含まず、ただ認識の欠陥からのみそうしたものとして考察されるのである。だから虚偽の観念及び虚構された観念は、虚偽であり虚構である限りにおいて、我々に思惟の本質について何ごとをも教え得ない。反対に、この本質は、今しがた検討した積極的諸特性から求められなければならない。言い換えれば、それからこれらの特性が必然的に出てくるところの、すなわち、それが存すればこれらも必然的に存し、それが除去されればこれらすべてもまた除去されるところの、共通な或るものがここに立てられなければならない。

——以下を欠く——

訳者註

はしがき

凡例に記したようにこの邦訳の底本となったものはゲプハルト版であるが、ゲプハルト版の一特徴は蘭訳遺稿集(De Nagelate Schriften, 以下略してN・S・とのみ呼ぶ)の利用である。N・S・はスピノザの死んだ年(一六七七)の末、ラテン文の遺稿集(Opera Posthuma, 以下略してO・P・とのみ呼ぶ)と前後して出版されたものであるが、O・P・の基礎となったスピノザの原稿からではなく、それよりやや古い別のスピノザの原稿から蘭訳されたもので、O・P・の不備な点を補うのに大切な資料である。スピノザの著書の原文批判《テクスト・クリティーク》に際してのN・S・の価値はつとにレオポルド(Leopold: Ad Spinozae Opera Posthuma, Hague 1902)によって指摘されているが、ゲプハルトはスピノザ全集を編むにあたって更にこのN・S・を徹底的に利用しているのである。以下の訳者註の中でもN・S・はしばしば引用されている。

このN・S・が十九世紀末に出たマイエル(W. Meijer)によるスピノザ全集の蘭訳と全然別個のものであることは言うまでもないであろう。マイエルの蘭訳が近代及び現代に出たスピノザの著書の多数の外国訳の中で最もすぐれたものの一つであることは研究者たちのひとしく認めるところであり、原著者の真意を伝え難いと思われる個所は多少の自由訳をも敢えてしている。以下の訳者註ではこのマイエルの見解を他の諸家の見解以上にしばしばとり上げている。

頁 行

一四 13 ここ及び一五ページ一行目の「得がたい」の原字は incertum であるが、この incertum は、単に「不確実な」というよりは、(六)の終りに出てくる「取得に関して不確実な」、つまり「得がたい」の意と解される。

一六 1 (九)全体及び(一〇)の初めの思想は、既にスピノザの最初の著作である『神・人間及び人間の幸福に関する短論文』(以下では略して『短論文』とのみ呼ぶ)の二部十四章中段(岩波文庫同書一五五ページ二行以下)において説かれている。

〃 6 この点に関しては『エチカ』三部定理二備考及び四部定理十四—十七にも説かれてある。

一七 8 エルボーゲンの説によれば(Elbogen: Der Tractatus de intellectus emendatione und seine Stellung in der Philosophie Spinozas, Breslau 1898. 四三—四五ページ)『改善論』における道徳論的序論は元来(一)からただちに(一二)に連結すべきであって、その間の富・名誉等似而非善に関する数節は(彼によれば)不必要でありむしろ全体の思想の連絡上邪魔になる、スピノザは一六七一年"Homo Politicus"と題する富と名誉を最高の善として力説した一書を友から贈られた際それを論駁しようとしていたから(書簡四十四参照)この数節はその目的を以て後から附加されたものであろうと。しかしこの推定には賛成できない。なるほどこの道徳論的序論には叙述に若干の間隙と飛躍があり又用語例に多少の不一致はあるが、このくらいは未完として残った書にまぬがれ難い運命である。その上(二)—(一一)の根本思想は既に『短論文』に見られるもので今更新しい所説ではない。こんな次第で、この序論がもともと全体として不可分なものであることを疑う研究者はその後殆どないようである。

〃 14　(一二)及び(一三)に関しては『短論文』一部十章、二部四章、『エチカ』四部の序言等参照。

一六 4　人々と共に善を楽しむ思想は『短論文』二部六章後段(岩波文庫同書一三五ページ一五行以下)、同二十六章後段(同書二〇七ページ一四行以下)、『エチカ』四部定理三十七等にも見られる。

〃 6　精神と全自然との合一に関しては『短論文』二部二十二章に詳しい。

〃 7　精神と全自然との合一性を認識するとは、『エチカ』の根本思想すなわち神を識り且つ愛するというのと同一意義である。

二〇 4　この生活規則の樹立はデカルトの『方法論序説』における暫定的道徳法を思わしめるに十分である。なおスピノザの書簡三十七末段参照。

二一 5　知覚する(percipio)という語は当時にあって極めて広義に、すなわち感覚的に知覚することのみならず真に概念することにも用いられた。だからこの語は認識する(cognosco)という語とほとんど同義である。もっとも本書の中にもはっきり狭義の認識ないし理解と対立した知覚の意味で用いられているのが一個所ある。すなわち(五八)に出てくる percipio がそれである。

〃 8　『短論文』二部一章と二章及び『エチカ』二部定理四十備考二はこれを四種でなく三種に分類して

いる。それは前者では一と二を「臆見」という名のもとに、後者では「第一種の認識」という名のもとに包括したからである。『改善論』において経験を別に一様式として独立させた理由は、ゲプハルトの説くように、それがベーコンに関心した時代に書かれたためであろう(C. Gebhardt : Spinozas Abhandlung über die Verbesserung des Verstandes, Heidelberg 1905. 七六ページ及び同者の『改善論』の独訳の註参照)。

二 9 「いわゆる慣習的記号」の原文は signum, quod vocant ad placitum であり、ここは従来大抵の人々から「任意にいろいろな名で呼ばれている記号」という意に解されてきた。ジョアキムはこれに疑いを抱き、結局ここを「いわゆる伝統又は合意にもとづく記号」の意とした(Joachim : Spinoza's Tractatus de Intellectus Emendatione, Oxford 1958. 二六ページ註一)。これに賛成したパーキンソンはその上この文の構成が本書(八二)の sensus, quem vocant communem (いわゆる共通感覚)と同一であることを指摘している(Parkinson : Spinoza's Theory of Knowledge, Oxford 1964. 一四四ページ註一)。私も今回これまでの解釈を捨ててこれに従った。なおここに言う「記号」(signum)が言葉や文字を意味することは『エチカ』二部定理四十備考二における同語の説明からも確かめられる。こうした意味での signum の用法は、イギリスのスコラ哲学者オッカムに出で、更にアリストテレスにまでさかのぼるとされる(Wolfson : The Philosophy of Spinoza, Harvard 1934, II. 一三七ページ)。

三 1 後の(6)、(7)、(8)の諸註が示すように、スピノザは三のはじめの場合すなわち結果から原因を推知する場合に多くの価値を置いていない。『エチカ』の「第二種の認識」ではこの場合を除去して一般から特殊への推論のみに限ったため妥当な認識として取り扱われるに至った。

〃 「妥当に」は adaequate の訳語である。「十全に」という訳語も行われている。或る観念がそれ自体で見て真の観念のあらゆる内的特徴を有する場合その観念は妥当な観念と言われる。明瞭判明な観念というのとほぼ同じである(『エチカ』二部定義四、同二部定理三十六、書簡六十参照)。

〃 9 「都合よい場合には」は in secundo casu の訳である。これをアッピューンはその仏訳において、他の多くの訳者(マイエル、シュテルン、A・ボイル、エルウィス、コワレなど)と同じく、第二の場合(dans le second cas)と直訳し、その上原文を必要以上に変改してこれを三の後の場合すなわち一般から特殊への推理に関係させているのは首肯しがたい。in secundo casu が私の訳のような意味であるべきは早くからセッセやエルボーゲンの注意するところであり、ゲプハルトの独訳もこれを採用している。

〃 10 ここの「結果の中に……原因に帰せられる」は原文に則すれば「……結果にもとづいて、明瞭に概念される或ることが原因に帰せられる」となる。

一四 7 アッピューンが註(6)を前々註に述べたように解した結果として註(8)を第二の例すなわち次の視力の例へ関係させているのは同様に首肯しがたい。

〃 9 表象(想像)あるいは表象力(想像力)は、知性(intellectus)又は知力(intellectio)と相並んで認識(広義)の二大基礎をなすものである。知力の機能が理解すなわち真理認識であるのに反し、表象力の作り出すものは内に確実性を包含しない混乱曖昧な観念である。知力作用が精神の本性にもとづいていて能動的活動であるのに反し、表象作用は感覚から得た材料の必然性なき分離結合であって精神はその際受動的関係に立たせられる。

二七　12　この註はスピノザが自らへの心覚えとして書いたものであろう。それが果されなかったのは、後にベーコンからの刺激が次第にうすれたためと思われる。

二八　6　O・P・ではここで文章が切られており、以後に出たスピノザ全集及び外国訳はおおむねこれに従って次の文から行が改められている。これに対してN・S・はここと次の文を「言い換えれば」(dat is)という句で連結して一文にしており、スピノザのテクストにすぐれた業績を示した前記レオポルドはこれを支持しゲプハルト版でもそうしている。しかしここで文章を切ることは差支えないし、ことにブルーダー版——本書の凡例参照——ではここに思想の一段落を認めて次へ新しい標題と新しい番号を付しているので、私はこの個所はゲプハルト版に従わずO・P・やブルーダー版の形に依った。

二九　7　この節の思想及び筆致はすこぶるベーコンの『ノーヴム・オルガヌム』に通うものがある。知的行動(opera intellectualia)という語も既にベーコンの用いたところである。

三〇　4　O・P・やフローテン－ランド(Vloten-Land)版の全集には「生ぜられない」でなくて「生ぜられる」となっているが、やはり一般に認められているように non を補って読むべきであろう。

〃　7　我々が真の観念を有することをスピノザがここで「当然のこと」として語っていることをジョアキムは特に指摘する(ジョアキムの前掲書二五ページ註一、五七ページ註四参照)。「或る思惟する実体」

の一部としての我々の精神が真実妥当な観念を形成する能力を持つというスピノザの根本信念はこの他にも本書の至るところに見られる。

〃 11・12 中世以来デカルト、スピノザにあっては物が現実に存在する場合これを formaliter に存在する、あるいはそれは物の esse formale ないし essentia formalis であると言い、これに対して物が我々の思惟内容としてすなわち観念として存在する場合、これを objective に存在する、あるいはそれは物の esse objectivum ないし essentia objectiva であると言った。前者はアリストテレスにおいて forma が「物をして現実にその物たらしめる所以のもの」を意味したことに由来し、後者は objectus という語が「前に置かれたもの」「精神の前にさし出されたもの」の意味を持つことから来たものと見られる。前者は我が国で「形相的に」「形相的有」「形相的本質」とほぼ定訳があるに反し、後者は文字に則して「客観的に」「客観的有」「客観的本質」としたり、反対に意味に則して「主観的に」「主観的有」「主観的本質」としたりその外にもいろいろな訳語が行われている。しかし objectus という語は前述のように、結局物が我々の思惟内容として、言い換えれば観念ないし概念として存在することにつき言われるのだから、そしてこれらの邦語はそれぞれ別な原語の訳語として固定しているから、ここでは objectivus という語をそれらとほぼ同意義の「想念的」とすることにする。尤もこれまでも用いられてきたこの「想念的」とか「観念内的」という訳語は客体を表わす面が欠けているという理由で最近これを「客象的」としたらという意見もあるが、それではかえって意味がわかりにくいと思われるし、それにこの objectivus という語はいつもそれだけ単独に用いられているのでなく前後にその客体を示す語が出ているのだから、客体の表示を objectivus の訳語の字面にまで出すことは必ずしも必要ではないであろう。『国家論』を除くスピノザのすべての著作に現われ、ことに『短論文』と『知性改善論』に頻出するこの objectivus という語はその場合場合に応じて自由に意訳するのが一番わかり易いのだが、いやしくも formalis と対立する特殊のタームとして用いられている以上、「形相的」と見あう訳語が欲しいので、これをしばらく「想念的」で統一し、意味のわかりにくいと思われる所に限り、略註又は後註を付することにした。（客体を示唆する点から言えば「所想的」という訳語が考えられるが、この objectivus というタームがもっぱら認識論的意味に用いられている本書においては適当でも、それが主として形而上学的意味に用いられている『短論文』などでは適当でない。）ちなみにスピノザの主要な外国訳におけるこの語の訳語を見るに、邦語と異なり言語学的共通性から大体は原語に則しているが（すなわち英、独、仏、蘭でそれぞれ objective, objectiv, objectif, voorwerpelijk）、しかし私のような行き方をしている人も少なくはない。すなわち蘭のマイエルは voorstelling（観念）とか begrip（概念）とか als gedachte（想いとして）という語を、また独のフロイデンタールは die gedachte Wesenheit（想われたる本質）という語を宛てており、英のエルウィスは subjective（主観的）という語の他に by representation（表現により）とか in the world of thought（思惟の世界において）という字を用い、ジョアキムは ideally（観念的に）という字を使っている。否デカルト自身、スピノザ自身がすでにこの語の誤解を防ぐため時々右の趣旨の簡単な註をつけている。すなわちデカルトは objective sive repraesentative（オブエクティヴにすなわち表現的に）と断わっており(例えば『哲学原理』一の十七)、又スピノザは esse objectivum sive idea(オブエクティヴな有すなわち観念)とか conceptus sive esse objectivum(概念すなわちオブエクティヴな有)とかその他これと類似の註をつけているのである(『エチカ』二部定理八の系、二部定理四十八備考、『短論文』第二付録、『知性改善論』(三五)、(三六)等)。更に彼の最晩年の著作『国家論』の中では(二の二)、従来の用語例から言えば essentia objectiva でよい個所に essentia idealis という語を用いている。

三一 1　ここ及び以下の「ペテロの観念」とは「ペテロについて我々の有する観念」の意である。

三三 12　こうした認識論上の根本問題の検討が方法論のために別に必要でないという考えは書簡二十七の中にも述べられている。

三五 11　ここは原文では Adde quod idea eodem modo se habet objective, ac ipsius ideatum se habet realiter であり、文字通りには「その上観念はその対象が実在的にあると同じ仕方で想念的にある」となるが、それでは意味がわかりにくくなるのでこのように自由訳しておいた。これはすでにマイエルがその蘭訳で試みているところであるが、更にそれより前、エルウィスもこの点に注目し、その英訳で「観念が思惟の世界における関係はその対象が実在の世界における関係と同じである」としている。

三七 6　「前述のように」とあるけれども、スピノザの得意の命題の一であるこの句はまだ本書には出て来ない。しかし(三五)の初めの方にある「これによって更に、真理であることが……明らかである」という句は要するにこれと同義である。なお『短論文』二部十五章、『エチカ』二部定理四三備考、書簡七十六参照。

三八 9　「なぜ私自身直ちに何よりもまず……示したのか」(cur ipse statim ante omnia veritates Naturae isto ordine ostenderim)は一般に原文が正しく伝わらぬものとされ、従来の全集及び翻訳の大部はcurの後にnonを置くか、curをquidniに変えるかして読んでいた。すなわち彼らは、スピノザが特に方法論などを書かずにはじめから彼のPhilosophiaをこの秩序で記したらいいではないかという論難と解してきた。しかし同時に彼らはこの論難がほぼ前の論難の重複であり、且つまたこの論難にはスピノザの答えが欠けている(あるいは欠けているに等しい)ことを認めざるを得なかった。しかるにこの我々の従っているゲプハルト版はN・S・にもとづき、又解釈上の要求から、ひとり原文を支持している。すなわちこの個所は直接方法論を書いたことに対する論難ではなく、Philosophia(予定されて果されなかった本書の後半——付録の一文参照——又は『エチカ』)を敢えてこの方法に従って述べることに対する論難であると見るのである。言い換えればもし真理が自らで明らかなら何もわざわざPhilosophiaをこの秩序で書物に書くことはあるまいという論難と見るのである。これに対してその答えが生きる。すなわち真理は秩序を追うて述べられてこそ益々明白であるが、しばしば逆説的な個々の事実のみでは必ずしもそうでない場合があるからというのである(Spinoza Opera II. 三二六—七ページ参照)。

四一 6　虚構(fictio)とは、知力によってでなく表象力によって種々の観念を作り出す作用、又は作り出されたその内容をいう。結果的に言えば虚構とは、相互に関係があるかないかが明瞭に理解されていない二個以上の観念を結合することである。但しこの際それが自己の精神の産物であって外的原因によるものでないことは意識しているのである(この意識を欠いたものは虚偽の観念又は誤謬と呼ばれる)。訳語としては虚構の外、仮構・仮想・構想・勝手な構想・臆想等いろいろ考えられるがいずれも十分適切とは言えない(むしろ想像という字が当るけれども想像はしばしば imaginatio の訳語として使われているから混同をさけるため用いない)。だからここでは文字に則して虚構として置く。場所によっては、虚の字が少し強すぎる観があるけれども、上述のような意義のタームとして読まれたい。虚構された(fictus)、虚構する(fingo)等についても同様である。

四三 6 真の認識がこれに代るのである。

〃 11 「その本性が存在することと矛盾する」は cujus natura existere implicat の訳である。implicare が「矛盾を含む」という意味に用いられる例はスピノザの他の著作の中にも見られる(Spinoza Opera I. 二五一ページ一五行及び二七五ページ三一—二行など)。これをただ「含む」とのみ訳す(例えばシュテルンの独訳の如く)のは当らない。

〃 〃 キマイラとは三つの頭を持ち火を吐くギリシア神話中の怪物。

〃 14 「ただちに……示すであろう」はO・P・では註(20)の最初の一部をなしているので諸外国訳はおおむねこれに従っているがN・S・にはこれがない。これからゲブハルト版ではこれを註(20)とは独立な後の附加であると見て本文にくりあげた。私の訳はしばらくそれに従っておく。

四四 8 ここの原文は ubi non attendimus ad naturae ordinem であり、従来読み方に多少異なる説がある。エルウィスの英訳が「自然の秩序の無視によって」としてあるのは私の訳と結局同じだが、シュテルンの独訳やコワレの仏訳は「自然の秩序に注意しない場合でも」としてあり、ニュアンスがやや違う。マイエルの蘭訳は後出(六五)の中段の ad ordinem naturae attendatur という句と一致させてここの non を余分なものとして省き「自然の秩序に注意する限りは」としている。

四八 3 ここの「知覚」は本書における他の用例と異なり、特に感覚的知覚を指すことが明らかである。

〃 11 これらの例はスピノザの愛読書であったオヴィディウスの Metamorphoses の中から取られたもの。

五〇 1 私は anima をおおむね霊魂と訳しているがそれが或る心的活動の主体として用いられた場合には mens と同じく精神と訳した。

〃 8 当時思惟する(cogito)という用語は広く意識作用を表わすのに、詳言すれば理解(真理認識)し、表象し、感覚すること等のすべてを表わすのに用いられた。

五一 2 偽の命題を仮にしばらく真と見なして、これから多くの不条理な結果を導き出し、以てその命題の保持し得ざることを証する論法は、『短論文』や『エチカ』などにもしばしば見られるところである。

〃 10 『エチカ』一部定理三十六参照。

五六 5 原文は vel etiam ad actiones とだけだが、(五八)のはじめの vel cum aliqua actualitate sive existentia simul と同じ意味に解すべきであろう。

〃 10 スピノザが常にこのような無邪気な例をのみ引用していることは、他人の誤謬を暴露的に指摘することを好まないという彼の性格(書簡二及び本書(九五)参照)と関連して考えられ得る。尤もここの例の中の「単にそれを合成しただけで……」はトマス・ホッブスのマテリアリズムに対する批判であると言っている人もある(例えばエルボーゲン)。

五七 8 こうした認識論的リゴリズムは既にデカルトにおいて見られる。

五九 3 ここは正確には「中心(centrum)のまわりを」ではなくて、「直径(diametrum)のまわりを」であろう。

六〇 14 『短論文』において(二部十五章及び十六章)対象の中に求めた誤謬の原因を、ここで我々の精神の中に認めるに至ったのは大きな変化である。

六三 4 我々は既に『短論文』において、こうした性質あるいは広義の特性が神に固有であって、これなくして神は神たり得ないが、しかしこれによって神が神なのではないこと、言い換えればそれは神の真の属性ではないことを知っている(一部一章註)。

〃 6 これは根本的にはデカルト伝来の、そしてスピノザが『短論文』一部一章において用いたところの、いわゆるアポステリオリの証明に外ならない。しかし後年スピノザはこれを無価値なものとして棄てるに至った。

六四 11 「言い換えれば……知らないのだから」は、従来の全集及び翻訳では脚註にすぎなかったのをゲプハルト版ではN・S・の例にならってこれを本文にくり上げたのである。

六五 3 デカルトが『省察録』において、こうした疑惑と熱心に戦ったのは人の知るところである。

〃 4 原文は claram et distinctam ideam とだけ伝わっているが、N・S・には clare en onderscheide denkbeelt van God とあり、既にレオポルドもこの点を注意しているので、ゲプハルト版では claram et distinctam Dei ideam と訂正している。

六五　7　「言い換えれば……」の一文は、O・P・はじめ従来の全集には副文章のみあって主文章がないので、原文のかかり上無理なのにこれをその前の一文と連結させて解釈していた。しかるにN・S・にはその主文章があるのであり、ゲプハルト版はそれを補っている。オランダ文にして zo blijft de twijfeling であるからラテン原文は manet dubitatio であったであろう。

六六　10　ここは原文では「しかし知性の認識に、又そのもろもろの力に役立ち得るものは……」となっている。

六七　5　共通感覚（常識）という語はスコラ学派から来たタームである。デカルトもこの語を使用してこれを表象的な能力と同視している、すなわち sensus communis, ut vocant, id est potentia imaginatrix とある（『省察録』二部）。

六八　4　これとほぼ同じ定義がすでにスペイン系アラビア哲学者アヴェロイスの中に見られることをウォルフソンは考証している。すなわちそこには「想起は中断された記憶であり記憶は持続された想起である」とある（ウォルフソンの前掲書II八九ページ）。

〃　12　ここでのスピノザの説明は本文中のそれとややニュアンスが異なっているように感ぜられるが、要するにここでは感覚の意識の持続が一定でないということをもっぱら過去におけるその意識の起点がはっきりしなくなっているという方面から見たものにすぎないであろう（パーキンソンの前掲書一四六ページ参照）。

六九 2 『短論文』においては理解は受動にすぎなかった(二部十五章及び十六章)が、『改善論』ではそれが純然たる能動になり、受動なのはただ表象の範囲にのみ限られた。この変革のスピノザ哲学発展史上における意義についてはゲプハルトが前掲書(八一―七ページ)に詳しく論じている。

七〇 13 延長の分割等に対する駁論は『短論文』一部二章後段(岩波文庫同書七一ページ五行以下)、『エチカ』一部定理十五備考、書簡十二等に見られる。

七二 1 「肯定なり否定なりは……想定するであろう」の一文はN・S・では本文でなく註になっている。

七三 1 方法論は(四九)によれば一に真の観念と他の諸観念とを区別すること、二に未知のものを明瞭且つ判明な認識によって認識するための規則を与えること、三に精神が無益なものから煩わされぬように認識の秩序を定めることの三任務を果さねばならない。このうち一は既に第一部で十分説かれた。問題は今この第二部で二と三とが同時に取り扱われるのか、又は二だけが取り扱われて三は別に第三部で説かれるのかということである。私は(九一)や(九九)の文句その他の事情から推して著者の意図が前者であったという想定に傾く。しかし(四九)に述べられてある三分類をそのまま受取って後の説を主張する研究者も少なくない(例、L. Robinson: Kommentar zu Spinozas Ethik, Leipzig 1928. 一二ページ。なおジョアキムの前掲書一九八―九ページ、同じくパーキンソンの前掲書二〇―一ページ参照)。

〃 2 単に知性あるいは知力と言えばしばしば表象力や感覚をも含むことがあるのに反し、純粋知性(purus intellectus)は本然の姿における知性であって、真の観念をのみ作り出す。

一四 1　スピノザが定義を明瞭且つ判明な観念又は物の本質と同視していたことは definitio sive clara et distincta idea（書簡四）、essentia seu definitio（『エチカ』一部定理三十三備考一）等の言葉からも明らかである。

一五 3　この際彼が主として念頭においたのは、神に関する他の学者たちの定義（それは本質の代りに特性を以てしている）であろう。

〃 11　原文は concatenatio intellectus, quae Naturae concatenationem referre debet である。マイエルの蘭訳はこれを「自然の中に存する秩序に照応すべき我々の精神内の観念の秩序」（de volgorde der voorstellingen in onzen geest, die beandwoorden aan die volgorde, die in die Natuur bestaat）と意訳している。

一七 4　quoad mentem は文字に則すれば「精神に関しては」「精神に関する限りは」であるが、結局（九六）の終りに出てくるように、「表現する用語はしばらく措き実質上においては」の意である。マイエルの蘭訳も「少なくも意味の上では」（althanks naar den zin）としてある。なおこの第三の条件は、要するに、神を定義するにはその真の属性を掲ぐべきであって、無限とか唯一とかいう形容詞的概念によってなされてはならないということに帰する。これは既に『短論文』一部一章註の三、二章後段（岩波文庫同書七五ページ一行以下）、三章の註等において詳しく力説されているところである。

一八 3　従来のテクストは requiritur, ut, quamprimum fieri potest et ratio postulat, inquiramus…… であり et ratio postulat も quamprimum へかかるように見えた。レオポルドはこの混乱を救うた

めに字句の順序を転倒して、 requiritur et ratio postulat, ut, quamprimum fieri potest, inquiramus……と訂正した(前掲書六九ページ)。しかしゲプハルト版ではN・S・にもとづき、et の前にコンマをおいてこの三字を全くの挿入句として取り扱い、以て元来のテクストの順序を生かした。

九九 3 「確固・永遠なる事物」を何と解するかはスピノザ哲学中の難問の一である。これについて云々しているのは本書のみであり、しかも本書は、人の見るように、数ページの後、論の半ばで永久に筆をおかれているからである。従って従来研究家たちの間になされた諸解釈は実にまちまちである。例えばジクワルトはこれをベーコンの形相(formae)と同視し、ベーメルやエルボーゲンやデルボスは属性と無限様態(modi infiniti)を指すものとし、ポロックやゲプハルトやヘフディングやウォルフソンやジョアキムやパーキンソンは無限様態だけに限り、フィッシャーとカメーレルとは全然沈黙し、キューネマンは法則と解し、アレクサンダーは永遠なる事物=無限様態=法則と見、ウェンツェル、T・リヒター、N・シュタルケ等はこれを物の本質となし、なお最後のこの説にはO・ベンシュも賛成している。私はかつてはベーメルやエルボーゲンの説に近く、永遠なる事物を属性、直接なる無限様態、間接なる無限様態等と解していたが、属性を個物と見る(本書(一〇一)の終り参照)ことは適当でない点もあり、現在では永遠なる事物を無限様態及びそれに内在する諸法則と解している(無限様態については、『エチカ』一部定理二十一―二十三、定理二十八備考、書簡六十四参照)。しかし無限様態の思想はすでに『短論文』時代から現われており、そこではこれは「普遍的な所産的自然」という名で呼ばれる。それは「神に直接依存し」「あらゆる永遠からこの方存在しあらゆる永遠にわたって不変であり」「すべての個物はこれによって生ぜられ」「個々物の原因である」としており(『短論文』一部八章後半、九章初め、二部五章中段―岩波文庫同書一二九ページ一〇行―参照)、本書の中の永遠なる事物に関する説明を連想させるに十分である。実に「確固・永遠なる事物」の謎を解く鍵は晩年の『エチカ』の中よりもむしろその成立時期が『改善論』と一、二年しか距っていない『短論文』の中に多く見出される感がする。

八〇 3　スピノザは本書において、しばしば彼の唯名論的立場を宣言して来た。こうして彼が今確固・永遠なる事物を提示するに当り、特にこれを個物(singularia)であると注意するのは、それが人々から抽象的概念と見られるのを恐れたからであろう。永遠なる事物を普遍概念あるいは類と言いきらずに、あたかも普遍概念あるいは類の如きもの(tanquam)と言ったのも同様の理由からであろう。

八一 1　(一〇三)の前半は従来(一〇二)の重複と見られ、原文の連絡は(一〇二)の「取り扱うことはこの場所には適当しない」から(一〇三)の「ここでは主題にたちもどって」へつづくとする説が有力である(レオポルド、アッピューンその他)。しかしN・S・の文章は原文通りであるし、それに(一〇二)と(一〇三)とは意味上から言っても決して重複でない。なぜなら(一〇二)では一般的補助手段を云々しているのに対し、(一〇三)は特殊的帰納法的補助手段について語っているからである。だから構文上に透徹を欠く点はあるにしてもこの(一〇三)はそのまま通用すべきものである(Spinoza Opera II. 三三六―七ページ参照)。

八二 1　この一文は従来Nam ex nullo fundamento cogitationes nostrae terminari queunt として伝わり、

人々は queunt を nequeunt あるいは non possent と見てこれを解釈してきた。レオポルドはこれに反しN・S・の文から判じてこの一節を Nam ex nullo alio fundamento cogitationes nostrae determinari queunt とあるべきものと主張し、この邦訳の底本であるゲプハルト版の全集も右の読み方に従っている。しかしアッピューンは、一般にN・S・の権威を認めることにおいて人に劣らぬのだが、この訂正には賛同を躊躇している。その理由とするところは、もし alio を付ければここの「基礎」とその直後の(一〇五)にでてくる「基礎」とは内容が正確には一致しないから、すなわち前者は真理の自明性・自展性に関する規則を指すのに対し後者は出発するための最初の認識を指すから不都合だというのである(しかしアッピューンも後でその仏訳の改刷に際し結局N・S・の読み方を受け入れている)。

八三 11 註(31)はN・S・には無い。そのため或る人々はこの註をスピノザ自身のものでなくO・P・の編集者の挿入であるかもしれないと見ている(レオポルドの前掲書五六ページ参照)。

八四 6 「例えば……限定しているのである」は従来 Ideam enim quantitatis si eam per causam percipit, tum quantitatem determinat として伝わっている。このままでも eam を Ideam の同格とすれば解釈がつく。しかしゲプハルト版ではN・S・を参考として Ideam enim quantitatis si per causam percipit, tum eam per quantitatem determinat と訂正してあるので、私はこれに従った。

八六 3 『短論文』二部二章の終り、『エチカ』二部公理三参照。

『知性改善論』について

『知性改善論』は、一六七七年、スピノザの死の数カ月後に出版された遺稿集(Opera Posthuma)の中にはじめて現われた。編集者の一人――おそらくヤーラッハ・イェレス(Jahrigh Jelles)――は、序文において、『改善論』が「我が哲学者の初期の作品に属する」ことを証言している。しかし進んでそれがいつ、いかなる事情のもとに成立したのであるかについては、序文においてのみならず、その他のどこでも明らかにされていない。この点に関して重要な暗示を与えているのは、実にスピノザ自身の一書簡である。それは彼がラインスブルク(Rijnsburg)の寓居からオルデンブルクへ宛てた、現在第六の番号を以て知られている書簡である。我々はここに、その中の必要な一節を摘出してみよう。

「……ところで貴下の新しい質問、すなわちどのようにして事物が存在し始めたか、又どんな連鎖でそれが第一原因に依存しているかに関して申せば、私はこの件について、並びにまた知性の改善について、まとまった一小著を作成し、今その清書と修正にたずさわっています。(……de hac re et etiam de emendatione intellectus integrum opusculum composui, in cujus descriptione et emendatione occupatus sum.) しかし私は幾度となくこの仕事をやめかけるのです。なぜならその出版に関してはまだ確かな計画が立てられていないのですから。というのは、出版の暁には、現代の神学者たちが憤激して、争いごとを極度に嫌うこの私に、彼らの常とする憎念を以て迫ってくることを私は恐れているのです。この点に関して貴下の御意見をお聞きしたいと思います。それで私は貴下に、この著作の中で、神の教えを説く人たちの憤激を買うだろうと思われる個所をお知らせするならば、それは彼らと言わずすべての人々——少くも私の知っている——が、神の属性と見ているものを私は被造物と思考し、これに反して、彼らが先入見に捉われて被造物と思考している他のことどもを、私は神の属性と見、彼らの考えの誤解であることを主張していることです。それからまた私は、私の知っているすべての人々のようには、神を自然から離して考えていないことです……。」

この書簡から我々は、彼が当時——この書簡は日付がないが、前後の書簡から判断して、一六六一年の終りか、一六六二年の初めのものと推定されている——認識論と形而上学とを一冊の書物(opusculum である以上は大体の輪郭だけであろうが)の中にまとめつつあったことを知り得る。そうだとすればこれは現在我々に伝わっている彼の作品中のどれに該当するのであろうか。まずそれは『神・人間及び人間の幸福に関する短論文』(Korte Verhandeling van God, de Mensch en deszelfs Welstand)ではない。なぜならこの論文は、著作というよりむしろ未整備な素材の集積であり、且つその中には、認識様式についての短い叙述はあるけれども特に認識論と名づけるべきものが取り扱われていないから。しかしそれは又『エチカ』でもない。なぜなら『エチカ』においても認識論が十分論議されていないことはしばらく措き、『エチカ』は初めから主著として企てられたもので、決して opusculum とは言い得ないからである。だからとて『神学・政治論』(Tractatus Theologico-politicus)や『国家論』(Tractatus Politicus)や『デカルトの哲学原理』(Principia Philosophiae Cartesianae)でないことは、その題名がすでに十分これを語っている。確かに問題のこの作品は、de emendatione intellectus という語が示すように、我が『知性改善論』を指すものであり、そしてこれ以外ではあり得ない。

人によっては、前掲書簡の章句から、特にその中の「作成した」(composui)という語から見て、企てられた作品はすでに大体成立している、しかるに現存の『改善論』は未完であり、且つ形而上学を全然欠いている、だからこの二者は同一作品ではあり得ない、と言うかも知れない。しかし composui という語は必ずしもそう厳密に解すべきではあるまい。なぜなら、そうする時我々は、現存の『改善論』の外に、現在失われている別個の作品(計画された通りの)を想定することになるが、何ら確証がなくてそうした大胆且つ杜撰《ずさん》な想定をすることは許されないからである。事実はおそらく計画された作品の中の認識論の部をほぼ終り、形而上学の部も大体準備されて、すぐにも書き下し得る状態にあった程度をそう言ったのではあるまいか。彼の形而上学がすでに出来上っていたことは、『神・人間及び人間の幸福に関する短論文』が一六六〇年頃の作であることから明らかである。しかも『短論文』に附着している多数の脚註の中には、スピノザの思想発展史上から見て、『短論文』を書いた当時のものでなく『改善論』を書いた当時のものと判じられる個所が相当にあるのである。すなわちスピノザは『改善論』を書いた頃、『短論文』にも手を入れて、これを『改善論』の認識論の補遺として適合するように整理しつつあったと見ることが出来るのである。こうした事情であるから、スピノザ——後に『デカルトの哲学原理』の第一部を、友人たちの懇願により、旅行先で、二週間の短時日の中に、整然たる幾何学的叙述法の鎧《よろい》をまとわせてまとめ上げたほど筆の早いスピノザに取っては、それは完成したも同様であり、composui という語を用いることも決して言いすぎではなかったのである。さて又現存の『改善論』が、もともと方法論ないし認識論のみならず、形而上学をも取り扱うべきはずであったことは、実に『改善論』自身によって証明される。なぜなら、『改善論』の中で、神の属性、人間の精神と全自然との合一、自然の根源等々の問題が出てくるごとに、「それは適当な場所で説明する」とか、「後に見るであろうように」とか、「私の哲学(mea Philosophia)の中で示そう」とかいうことわりが付けられているからである。もっともこの Philosophia をフィッシャーやロビンソンのように『エチカ』のことだと解する学者たちもあるけれども、これは前掲書簡の中の言葉から推しても、『改善論』の後半に予定された形而上学であると解するのが妥当である。現にフロイデンタールやゲプハルト等もこの意見である。以上のような諸考察にもとづき、第六書簡の中に述べられた作品と現在の『改善論』とは同一不二のものであるという推定が確実にされる次第である。

果してそうならば最初の計画がなぜ終りを全うしなかったのか。これについて我々は大体三個の理由を考え得る。第一にスピノザ自身が前掲書簡の中で言っているところのものである。

すなわちもし彼が彼独自の哲学を世に公表するなら、彼と全く神の観念を異にする神学者たちの迫害に会って、その思索生活を乱されることを恐れたからである（『短論文』は当時弟子たちの間にしか知られていなかった）。第二にオルデンブルクへの或る書簡（書簡第二）の付録や『短論文』の付録が示すように、彼は当時すでに彼の体系に幾何学的叙述法を適用しようと考えており、そのためおそらく、形而上学を『改善論』に付帯して、普通の形式で叙述してゆくことには次第に興味を失ったからであろう。第三に、彼が『改善論』の中で後に委譲した範囲が意外に広くなり、形而上学のみならず道徳論や心理学や物理学等をも含み、これを遂げるにはとても一小著の能くするところでないので、むしろ別に筆を改めて根本的に論じ直そうと決心したのであろう。そしてこれがすなわち『エチカ』となって現われたのである。

『改善論』がその最初の予定の後半を欠いた理由は以上から説明がつく。しかしそれは同時にその前半までが未完として残った理由にならない。方法論ないし、方法の建設に必要な限りの認識論がなぜその最も大切な所で永久に筆を措かれたのであろうか。それがなぜそれとして完結されなかったのであろうか。我々はこの点を吟味してみなければならない。これに対し、スピノザ自身が間もなく『改善論』への関心を失い、その完成などもはや望まなかったのではあるまいかという推測は許されない。なぜなら、遺稿集の序文及び本書の初めに掲げた「読者に告ぐ」の中で、事実はその反対であったことが言明されているからである。更にこのことは、チルンハウスがスピノザに宛てた書簡（書簡第五十九、一六七五年）からも知られる。すなわちチルンハウスは、ハーグで親しく晩年のスピノザから彼の方法論につき聞かされるところがあり、今この書簡の中で、その方法論がいつ出来上るかと尋ねているのである。このように彼が、後々に至るまで『改善論』を、少くも方法論としてだけは完結させようとする意図を抱いていたにもかかわらずそれが果されなかったのであるから、我々はなお一層その未完の理由を探究せずにはいられない。あるいは「読者に告ぐ」の中の言葉から推して、それはスピノザが後に『エチカ』その他の仕事のため全然余暇に恵まれなかったからだと思う人もあろう。だがこの推定も成立し難い。なぜなら、『エチカ』の最後の仕上げを終えた時から（それまで仮に『エチカ』その他のため寸暇がなかったとしても）、その死まで、なお一年半の月日——しかも『国家論』のように比較的緊急でない述作を新たに始めるだけの元気と余裕を持つ——があったからである。

結局『改善論』未完の真因は、その内容的困難に求めるほかはない。この意味において、遺稿集の序文が、『改善論』の完成のためには「深遠な省察と広汎な物識」(profundae meditationes et vasta rerum scientia)を必要としたと指摘しているのを正しいと信ずる。我々はここに、何が『改善論』において残された問題であるか、そしてその問題の解決はなぜ困難であるかを考究して、『改善論』未完の具体的理由を明瞭にしたい。

『改善論』は最後において個物の認識を主題とした。この個物の認識は確固・永遠なる事物(res fixae et aeternae)から得られなければならない(一〇一)。しかるに確固・永遠なる事物を知るためにはまず我々の知性の本性と能力とを吟味しなければならない。それには知性の定義を識らなければならない。ところがそのためには一般に定義を立てる法則を持たなければならない。これには再び知性の本性と能力との認識を要する(一〇五、一〇六、一〇七)。こうした循環論に陥って、スピノザは、これから逃れるため、ここにまず物の本質を知ってしかる後それからその諸特性を推知してゆくという彼のしばしば力説した認識上の順序を自ら踏みにじって、物の諸特性からその本質を帰結するという逆コースを辿らざるを得なくなった(一〇七)。そしてもし幸いに彼が、これから知性の定義ないし本質を知り、更にそれを拠点として永遠なる事物の認識に至る道が明らかになったと仮定しても、どのようにしてこの永遠なる事物から変化する個物の認識に到達し得るであろうか。永遠なる事物はいかに発展させても永遠・無限であり、これから時間的有限的個物を導き出すことは甚だ困難である。スピノザ自身この難点に気づき、突然、感覚と経験との援用をあげている(一〇二、一〇三)。いやしくも我々のうちに具わる先天的な神の観念から一切を厳密な演繹によって導き出そうとする体系にあって、彼自らがさきにあれほど排斥した感覚と経験を援用することは理論上の行きづまりと言わねばならない。しかしそれは実際論としてなお許容されよう。けれども彼は、経験によって得られた変化する個物の認識と、確固・永遠なる事物との関係を、どのように説明しようとするのであろうか。この二つの世界の間に橋梁が架せられなくては彼の哲学は体系として成立し得ない。しかしそれをなしとげることは「人間の知性の力をはるかに越える事柄」ではあるまいか。実際その生涯の努力を以てしても彼はこれを果し得なかったのである。しかしこの根本問題が解決されなくては『改善論』は全き形において成立させられることが出来なかったはずである。これが『改善論』未完の真因ではなかろうか。人は、同じ問題を含む『エチカ』がなぜそれにもかかわらず完成されたかと反問するかも知れない。だが『エチカ』においても、決してこの問題は解決されているわけでない。第一部における神から生じた世界と、第二部以下における経験にもとづいて認識された世界との間に、依然として充たすことのできない間隙の存することは、研究者たちの等しく指摘する所である。ただ『エチカ』にあっては、叙述形式の外的整合が体系の内的欠陥を一応隠しているにすぎない。本書の最初のモノグラフィー(専攻書)の著者エルボーゲンはすでに言っている、「知性改善論の断片的性格は、同時に、あらゆる絶対的理性論の体系に対する絶滅的批判を含む」と。

終りにこの『改善論』の持つ意義について一言しよう。その偉麗な道徳論的序論、認識の諸様式に関する詳細な説明、形相的本質(対象)と想念的本質(観念)の認識論的平行の信念、真理探究における最善の方法の建設、imaginatio と intellectio との峻別、認識の能動性の確立、生得の力、真なるものの形相、知性の本質・能力・諸特性等に関する検討、確固・永遠なる事物の思想の導入、これらがその主なる点であり、短い未完の書としては相当豊かな内容である。しかしこれらについては本文にくわしいから今改めてここに喋々する要はあるまい。別に最も重大な意義は、『改善論』が全体としてスピノザ哲学のプレリュードであり、『エチカ』の序説として役立つことである。『改善論』を正しく読んだ人は『エチカ』の巻頭が神の定義を以て飾られているのを不思議に思わないであろう。更に神の観念から一切を知性の示すがままに演繹的に導き出してゆかなければならない所以をさとるであろう。このためには『エチカ』の幾何学的叙述法がいかに必然的であるかを知るであろう。故に何人もスピノザの哲学を理解するには、『エチカ』と共に、いな『エチカ』に先立って『改善論』を顧みなくてはならない。フローテンとランド(Vloten-Land)がスピノザ全集を編集するに当り、従来の乱雑な順序を排して、その劈頭に『改善論』を置き、次に『エチカ』を配したのはこの意味においてである。私の拠ったゲブハルト編集の全集(ゲブハルト版)で、哲学的主著を盛るのに定められた第二巻に、この二著作だけが容れられているのも同じ理由からである。

最後に本書の諸外国訳及び文献について述べておきたい。独訳ではエーワルト(一七八五年)、アウエルバッハ(一八四一年)、キルヒマン(一八七一年)のものが相次いで出たが、最も広く知られているのはシュテルン(一九二六年、レクラム版、初版一八八七年)の訳とゲブハルト(一九二二年、初版一九〇七年)の訳である。前者は文章が流暢で読みやすい一方、誤謬も相当あることが定評であり、第二次大戦後も新装のレクラム版として出たが、最近のものにH・ケルムの長い跋文が付けられているのを除けば、内容は依然昔のシュテルンのものの再録にすぎない。後者ゲブハルトのものは正確でその後註と共に今日も我々の参考になり得る。しかし当時は拠るべきテクストに十分なものがなかったためもあって、所々不備な個所を残しているが、これはその後彼自らの編集したゲプハルト版全集の巻末の原文形成《テクスト・ゲシュタルトウング》の中で訂正されている。仏訳にはセッセ（一八四二年）のものに続いてアッピューン（一九〇四年）の訳があり、これは概ね信頼し得るもので、後註も独自のものを含んでいる。このアッピューン訳も、ゲプハルト版以後に出た改刷では、それにもとづいて若干の訂正が加えられている。カイヨワ、フランセス、ミスライ三者共同の仏訳全集（一九五四年）の中のものは入手していないから今ここに論及することが出来ない。最近出ているコワレのもの（一九六四年、初版一九三七年）は羅仏対訳でその点便利であり、訳もまず忠実で、その上各節につき一々何らかの後註が付けられている。英訳にはエルウィス（一八八三年）、ホワイト（一八九五年）、A・ボイル（一九一〇年、エブリマン文庫）のものがあり、ボイル訳は現在も出ているが研究者の間で殆ど用いられておらず、これに反してエルウィスのものは今日まで長く利用され、現に近頃でも少くも三回（一九五一年、五五年、五六年）それぞれ異なった出版社から出ている。エルウィス訳は古いブルーダー版に拠ったもので、学問的正確さでは落ちるが、自由訳的分子を含み、解しやすい点に特徴がある。独仏英訳の他で特に注目すべきはマイエルの蘭訳であるが、これについては本書の訳者註のはしがきに述べたからここでは触れない。邦訳では拙訳(一九三一年。今回のはその改訳である)、斎藤晌氏(一九三三年)、森啓氏(一九六六年)のものが出ている。

次に文献であるが、多数のスピノザ研究書の中に多かれ少なかれ本書が考究の対象となっていることは言うまでもない。しかし独立した書籍の形としてのモノグラフィーは、私の知る限り、三冊、すなわちエルボーゲンの『知性改善論及びスピノザ哲学におけるその位置』(一八九八年)、ゲブハルトの『スピノザの知性改善論』(一九〇五年)、ジョアキムの同じく『スピノザの知性改善論』(一九五八年、初版一九四〇年)だけである。最初のものは、その後の諸研究によって超克されるべき見解をも含んでいるが、今日でも一応顧みられていい書である。第二のものは『改善論』の成立由来、『短論文』との関連、全内容の分析等に関し一般に妥当な見解を示している。第三のものは、『改善論』の思想と徹底的に取り組もうとする気迫が至る所にうかがわれ、しばしば鋭い観察を見せているが、『改善論』そのものと同様、第二部の論述半ばで筆を措かれた未完の遺稿である。その他E・キューネマンの論文『スピノザの教説の基礎について』(一九〇二年)は、はじめて『改善論』の価値を強調した点で知られ、スピノザ没後二五〇年(一九二七年)に出た『カント研究』の特別記念号(三二巻一号)におけるT・ツィーエンの巻頭論文「ベネディクトゥス・デ・スピノザ」は、『改善論』の認識論の中に多くの批判哲学的要素を認め、『エチカ』を中心とするスピノザの哲学体系の独断論的色彩がこれによって或る程度払拭され得ることを指摘している。最近出たパーキンソンの『スピノザの知識論』(一九六四年、初版一九五四年)は、スピノザの形而上学の理解にとりその認識論の研究が極めて必要であるという立場から書かれたもので、主として『エチカ』第二部に照明を当てているが、当然『改善論』についても多くの究明がなされている。なお上記の三つのモノグラフィー及びパーキンソンの書の原名は、本書の訳者註の中に記されてあるから、ここには省いておく。

知性改善論《ちせいかいぜんろん》　スピノザ著

1931年 4月 5日　第1刷発行
1968年 1月 16日　第21刷改訳発行
2024年 12月 5日　第53刷発行

訳　者　畠中尚志《はたなかなおし》

発行者　坂本政謙

発行所　株式会社 岩波書店
〒101-8002 東京都千代田区一ツ橋 2-5-5

案内 03-5210-4000　営業部 03-5210-4111
文庫編集部 03-5210-4051
https://www.iwanami.co.jp/

印刷・精興社　製本・牧製本

ISBN 978-4-00-336153 5　Printed in Japan

読書子に寄す

——岩波文庫発刊に際して——

岩波茂雄

真理は万人によって求められることを自ら欲し、芸術は万人によって愛されることを自ら望む。かつては民を愚昧ならしめるために学芸が最も狭き堂宇に閉鎖されたことがあった。今や知識と美とを特権階級の独占より奪い返すことはつねに進取的なる民衆の切実なる要求である。岩波文庫はこの要求に応じそれに励まされて生まれた。それは生命ある不朽の書を少数者の書斎と研究室とより解放して街頭にくまなく立たしめ民衆に伍せしめるであろう。近時大量生産予約出版の流行を見る。その広告宣伝の狂態はしばらくおくも、後代にのこすと誇称する全集がその編集に万全の用意をなしたるか。千古の典籍の翻訳企図に敬虔の態度を欠かざりしか。さらに分売を許さず読者を繋縛して数十冊を強うるがごとき、はたしてその揚言する学芸解放のゆえんなりや。吾人は天下の名士の声に和してこれを推挙するに躊躇するものである。このときにあたって、岩波書店は自己の責務のいよいよ重大なるを思い、従来の方針の徹底を期するため、すでに十数年以前より志して来た計画を慎重審議この際断然実行することにした。吾人は範をかのレクラム文庫にとり、古今東西にわたって文芸・哲学・社会科学・自然科学等種類のいかんを問わず、いやしくも万人の必読すべき真に古典的価値ある書をきわめて簡易なる形式において逐次刊行し、あらゆる人間に須要なる生活向上の資料、生活批判の原理を提供せんと欲する。この文庫は予約出版の方法を排したるがゆえに、読者は自己の欲する時に自己の欲する書物を各個に自由に選択することができる。携帯に便にして価格の低きを最主とするがゆえに、外観を顧みざるも内容に至っては厳選最も力を尽くし、従来の岩波出版物の特色をますます発揮せしめようとする。この計画たるや世間の一時の投機的なるものと異なり、永遠の事業として吾人は微力を傾倒し、あらゆる犠牲を忍んで今後永久に継続発展せしめ、もって文庫の使命を遺憾なく果たさしめることを期する。芸術を愛し知識を求むる士の自ら進んでこの挙に参加し、希望と忠言とを寄せられることは吾人の熱望するところである。その性質上経済的には最も困難多きこの事業にあえて当たらんとする吾人の志を諒として、その達成のため世の読書子とのうるわしき共同を期待する。

昭和二年七月

《哲学・教育・宗教》〔青〕

ソクラテスの弁明・クリトン　プラトン　久保勉訳
ゴルギアス　プラトン　加来彰俊訳
饗宴　プラトン　久保勉訳
テアイテトス　プラトン　田中美知太郎訳
パイドロス　プラトン　藤沢令夫訳
メノン　プラトン　藤沢令夫訳
国家　全二冊　プラトン　藤沢令夫訳
プロタゴラス　—ソフィストたち　プラトン　藤沢令夫訳
パイドン　—魂の不死について　プラトン　岩田靖夫訳
アナバシス　—敵中横断六〇〇〇キロ　クセノポン　松平千秋訳
アリストテレス　ニコマコス倫理学　全二冊　高田三郎訳
アリストテレス　形而上学　全二冊　出隆訳
アリストテレス　弁論術　戸塚七郎訳
アリストテレース　詩学　ホラーティウス　詩論　松本仁助・岡道男訳
物の本質について　ルクレーティウス　樋口勝彦訳
エピクロス　—教説と手紙　出隆・岩崎允胤訳

生の短さについて　他二篇　セネカ　大西英文訳
怒りについて　他二篇　セネカ　兼利琢也訳
エピクテトス　人生談義　全二冊　國方栄二訳
人さまざま　テオプラストス　森進一訳
マルクス・アウレーリウス　自省録　神谷美恵子訳
老年について　キケロー　中務哲郎訳
友情について　キケロー　中務哲郎訳
弁論家について　全二冊　キケロー　大西英文訳
平和の訴え　エラスムス　箕輪三郎訳
エラスムス＝トマス・モア往復書簡　沓掛良彦・高田康成訳
方法序説　デカルト　谷川多佳子訳
哲学原理　デカルト　桂寿一訳
精神指導の規則　デカルト　野田又夫訳
情念論　デカルト　谷川多佳子訳
パンセ　全三冊　パスカル　塩川徹也訳
パスカル　小品と手紙　塩川徹也・望月ゆか訳
スピノザ　神学・政治論　全二冊　畠中尚志訳

知性改善論　スピノザ　畠中尚志訳
スピノザ　エチカ（倫理学）　全二冊　畠中尚志訳
スピノザ　国家論　畠中尚志訳
スピノザ往復書簡集　畠中尚志訳
デカルトの哲学原理　—附 形而上学的思想　スピノザ　畠中尚志訳
スピノザ　神・人間及び人間の幸福に関する短論文　畠中尚志訳
モナドロジー　他二篇　ライプニッツ　谷川多佳子・岡部英男訳
ノヴム・オルガヌム（新機関）　ベーコン　桂寿一訳
市民の国について　全二冊　ヒューム　小松茂夫訳
自然宗教をめぐる対話　ヒューム　犬塚元訳
君主の統治について　—謹んでキプロス王に捧げる　トマス・アクィナス　柴田平三郎訳
精選　神学大全　全四冊　トマス・アクィナス　山本芳久編　稲垣良典訳
エミール　全三冊　ルソー　今野一雄訳
人間不平等起原論　ルソー　本田喜代治・平岡昇訳
ルソー　社会契約論　桑原武夫・前川貞次郎訳
言語起源論　—旋律と音楽的模倣について　ルソー　増田真訳
ディドロ　絵画について　佐々木健一訳

- 純粋理性批判 全三冊 カント 篠田英雄訳
- カント 実践理性批判 波多野精一・宮本和吉・篠田英雄訳
- 判断力批判 全二冊 カント 篠田英雄訳
- 永遠平和のために カント 宇都宮芳明訳
- プロレゴメナ カント 篠田英雄訳
- 人倫の形而上学 全二冊 カント 熊野純彦・宮村悠介訳
- シュライエルマッハー 独白 木場深定訳
- ヘーゲル 政治論文集 全二冊 金子武蔵訳
- 哲学史序論 —哲学と哲学史 ヘーゲル 武市健人訳
- 歴史哲学講義 全二冊 ヘーゲル 長谷川宏訳
- 法の哲学 —自然法と国家学の要綱 ヘーゲル 上妻精・佐藤康邦・山田忠彰訳
- 学問論 シェリング 西川富雄・藤田正勝監訳
- 自殺について 他四篇 ショウペンハウエル 斎藤信治訳
- 読書について 他二篇 ショウペンハウエル 斎藤忍随訳
- 知性について 他四篇 ショーペンハウエル 細谷貞雄訳
- 不安の概念 キェルケゴール 斎藤信治訳
- 死に至る病 キェルケゴール 斎藤信治訳

- 体験と創作 全二冊 ディルタイ 柴田治三郎・小牧健夫訳
- 眠られぬ夜のために 全二冊 ヒルティ 草間平作・大和邦太郎訳
- 幸福論 全三冊 ヒルティ 草間平作・大和邦太郎訳
- 悲劇の誕生 ニーチェ 秋山英夫訳
- ツァラトゥストラはこう言った 全二冊 ニーチェ 氷上英廣訳
- 道徳の系譜 ニーチェ 木場深定訳
- 善悪の彼岸 ニーチェ 木場深定訳
- この人を見よ ニーチェ 手塚富雄訳
- プラグマティズム W・ジェイムズ 桝田啓三郎訳
- 宗教的経験の諸相 全二冊 W・ジェイムズ 桝田啓三郎訳
- 日常生活の精神病理 フロイト 高田珠樹訳
- 精神分析入門講義 全二冊 フロイト 高田珠樹・新宮一成・須藤訓任・道籏泰三訳
- 純粋現象学及現象学的哲学考案 全二冊 フッセル 池上鎌三訳
- デカルト的省察 フッサール 浜渦辰二訳
- 愛の断想・日々の断想 ジンメル 清水幾太郎訳
- ジンメル宗教論集 深澤英隆編訳
- 笑い ベルクソン 林達夫訳

- 道徳と宗教の二源泉 ベルクソン 平山高次訳
- 物質と記憶 ベルクソン 熊野純彦訳
- 時間と自由 ベルクソン 中村文郎訳
- ラッセル教育論 安藤貞雄訳
- ラッセル幸福論 安藤貞雄訳
- 存在と時間 全四冊 ハイデガー 熊野純彦訳
- 学校と社会 デューイ 宮原誠一訳
- 民主主義と教育 全二冊 デューイ 松野安男訳
- 我と汝・対話 マルティン・ブーバー 植田重雄訳
- アラン 幸福論 神谷幹夫訳
- アラン 定義集 神谷幹夫訳
- 天才の心理学 E・クレッチュマー 内村祐之訳
- 英語発達小史 H・ブラッドリ 寺澤芳雄訳
- 日本の弓術 オイゲン・ヘリゲル述 柴田治三郎訳
- 似て非なる友について 他三篇 プルタルコス 柳沼重剛訳
- ことばのロマンス —英語の語源 ウィークリー 寺澤芳雄・出淵博訳
- ヴィーコ 学問の方法 上村忠男・佐々木力訳

- 国家と神話 全二冊　カッシーラー　熊野純彦訳
- 天才・悪　ブレンターノ　篠田英雄訳
- 人間の頭脳活動の本質 他一篇　ディーツゲン　小松摂郎訳
- 反啓蒙思想 他二篇　バーリン　松本礼二編
- マキアヴェッリの独創性 他三篇　バーリン　川出良枝編
- ロシア・インテリゲンツィヤの誕生 他五篇　バーリン　桑野隆編
- 論理哲学論考　ウィトゲンシュタイン　野矢茂樹訳
- 自由と社会的抑圧　シモーヌ・ヴェイユ　冨原眞弓訳
- 根をもつこと 全二冊　シモーヌ・ヴェイユ　冨原眞弓訳
- 重力と恩寵　シモーヌ・ヴェイユ　冨原眞弓訳
- 全体性と無限 全二冊　レヴィナス　熊野純彦訳
- 啓蒙の弁証法 ―哲学的断想　M・ホルクハイマー T・W・アドルノ　徳永恂訳
- ヘーゲルからニーチェへ ―十九世紀思想における革命的断絶 全二冊　レーヴィット　三島憲一訳
- 統辞構造論 付『言語理論の論理構造』序論　チョムスキー　福井直樹・辻子美保子訳
- 統辞理論の諸相 方法論序説　チョムスキー　福井直樹・辻子美保子訳
- 快楽について　ロレンツォ・ヴァッラ　近藤恒一訳
- ニーチェ みずからの時代と闘う者　ルドルフ・シュタイナー　高橋巖訳

- フランス革命期の公教育論　コンドルセ他　阪上孝編訳
- 人間の教育 全二冊　フレーベル　荒井武訳
- 旧約聖書 創世記　関根正雄訳
- 旧約聖書 出エジプト記　関根正雄訳
- 旧約聖書 ヨブ記　関根正雄訳
- 旧約聖書 詩篇　関根正雄訳
- 新約聖書 福音書　塚本虎二訳
- 文語訳 新約聖書 詩篇付
- 文語訳 旧約聖書 全四冊
- キリストにならいて　トマス・ア・ケンピス　大沢章・呉茂一訳
- 聖アウグスティヌス 告白 全二冊　服部英次郎訳
- アウグスティヌス 神の国 全五冊　服部英次郎・藤本雄三訳
- 新訳 キリスト者の自由・聖書への序言　マルティン・ルター　石原謙訳
- キリスト教と世界宗教　シュヴァイツェル　鈴木俊郎訳
- カルヴァン小論集　波木居斉二編訳
- 聖なるもの　オットー　久松英二訳
- コーラン 全三冊　井筒俊彦訳

- エックハルト説教集　田島照久編訳
- ムハンマドのことば ハディース　小杉泰編訳
- 新約聖書外典 ナグ・ハマディ文書抄　荒井献・大貫隆・小林稔・筒井賢治編訳
- 後期資本主義における正統化の問題　ハーバーマス　山田正行・金慧訳
- シンボルの哲学 ―理性、祭礼、芸術のシンボル試論　S・K・ランガー　塚本明子訳
- ジャック・ラカン 精神分析の四基本概念 全二冊　ジャック＝アラン・ミレール編　小出浩之・新宮一成・鈴木國文・小川豊昭訳
- 精神と自然 生きた世界の認識論　グレゴリー・ベイトソン　佐藤良明訳
- 精神の生態学へ 全三冊　グレゴリー・ベイトソン　佐藤良明訳
- 人間の知的能力に関する試論 全二冊　トマス・リード　戸田剛文訳
- 開かれた社会とその敵 全四冊　カール・ポパー　小河原誠訳

《東洋思想》〔青〕

易経 全二冊 高田真治・後藤基巳 訳
論語 金谷治 訳注
孔子家語 藤原正 校訳
孟子 全二冊 小林勝人 訳注
老子 蜂屋邦夫 訳注
荘子 全四冊 金谷治 訳注
新訂 孫子 金谷治 訳注
荀子 全二冊 金谷治 訳注
韓非子 全四冊 金谷治 訳注
史記列伝 全五冊 司馬遷 小川環樹・今鷹真・福島吉彦 訳
春秋左氏伝 全三冊 小倉芳彦 訳
塩鉄論 曾我部静雄 訳註
千字文 小川環樹・木田章義 注解
大学・中庸 金谷治 訳注
仁学 —清末の社会変革論— 譚嗣同 西順蔵・坂元ひろ子 訳注
章炳麟集 —清末の民族革命思想— 西順蔵・近藤邦康 編訳
梁啓超文集 岡本隆司・石川禎浩・高嶋航 編訳
マヌの法典 マヌ 田辺繁子 訳
ガンディー 獄中からの手紙 森本達雄 訳
随園食単 袁枚 青木正児 訳註
ウパデーシャ・サーハスリー —真実の自己の探求— シャンカラ 前田専学 訳

《仏教》〔青〕

ブッダのことば —スッタニパータ— 中村元 訳
ブッダの真理のことば 感興のことば 中村元 訳
般若心経・金剛般若経 中村元・紀野一義 訳註
法華経 全三冊 坂本幸男・岩本裕 訳注
日蓮文集 兜木正亨 校注
浄土三部経 全二冊 中村元・早島鏡正・紀野一義 訳註
大乗起信論 宇井伯寿・高崎直道 訳注
臨済録 入矢義高 訳注
碧巌録 全三冊 入矢義高・溝口雄三・末木文美士・伊藤文生 訳注
無門関 西村恵信 訳注
法華義疏 全二冊 聖徳太子 花山信勝 校訳
往生要集 全二冊 源信 石田瑞麿 訳注
教行信証 親鸞 金子大栄 校訂
歎異抄 金子大栄 校注
正法眼蔵 全四冊 道元 水野弥穂子 校注
正法眼蔵随聞記 懐奘 編 和辻哲郎 校訂
道元禅師清規 大久保道舟 訳注
一遍上人語録 —付 播州法語集 大橋俊雄 校注
南無阿弥陀仏 —付 心偈 柳宗悦
蓮如上人御一代聞書 稲葉昌丸 校訂
日本的霊性 鈴木大拙 篠田英雄 校訂
新編 東洋的な見方 鈴木大拙 上田閑照 編
大乗仏教概論 鈴木大拙 佐々木閑 訳
浄土系思想論 鈴木大拙
神秘主義 キリスト教と仏教 鈴木大拙 坂東性純・清水守拙 訳
禅の思想 鈴木大拙
ブッダ最後の旅 —大パリニッバーナ経— 中村元 訳
仏弟子の告白 —テーラガーター— 中村元 訳

岩波文庫の最新刊

デリダ著／藤本一勇訳

アデュー
―エマニュエル・レヴィナスへ―

レヴィナスから受け継いだ「アーデュー」という言葉。デリダの応答は、その遺産を存在論や政治の彼方にある倫理、歓待の哲学へと導く。

〔青N六〇五-二〕 定価一二一〇円

ヘリオドロス作／下田立行訳

エティオピア物語（上）

ナイル河口の殺戮現場に横たわる、手負いの凛々しい若者と、女神の如き美貌の娘――映画さながらに波瀾万丈、古代ギリシアの恋愛冒険小説巨編。（全二冊）

〔赤一二七-一〕 定価一〇〇一円

永井荷風著／中島国彦・多田蔵人校注

断腸亭日乗（二） 大正十五―昭和三年

永井荷風（一八七九―一九五九）の四十一年間の日記。（二）は、大正十五年より昭和三年まで。大正から昭和の時代の変動を見つめる。（注解・解説＝中島国彦）（全九冊）

〔緑四二-一五〕 定価一一八八円

ゲルツェン著／金子幸彦・長縄光男訳

過去と思索（四）

一八四八年六月、臨時政府がパリ民衆に加えた大弾圧は、ゲルツェンの思想を新しい境位に導いた。専制支配はここにもある。西欧への幻想は消えた。（全七冊）

〔青N六一〇-五〕 定価一六五〇円

……今月の重版再開……

ディオゲネス・ラエルティオス著／加来彰俊訳

ギリシア哲学者列伝（上）（中）（下）

〔青六六三-一～三〕 定価各一二七六円

定価は消費税10％込です　2024.10

岩波文庫の最新刊

カール・シュミット著／権左武志訳

政治的神学
—主権論四章—

例外状態や決断主義、世俗化など、シュミットの主要な政治思想が初めて提示された一九二二年の代表作。初版と第二版との異同を示し、詳細な解説を付す。〔白三〇-三〕 **定価七九二円**

ジョン・スタインベック作／青山南訳

チャーリーとの旅
—アメリカを探して—

一九六〇年。激動の一〇年の始まりの年。老プードルを相棒に全国をめぐる旅に出た作家は、アメリカのどんな真相を見たのか？ 路上を行く旅の記録。〔赤三二七-四〕 **定価一三六四円**

大曾根章介・小峯和明校注

日本往生極楽記・続本朝往生伝

平安時代の浄土信仰を伝える代表的な往生伝二篇。慶滋保胤の『日本往生極楽記』、大江匡房の『続本朝往生伝』。あらたに詳細な注解を付した。〔黄四四-一〕 **定価一〇〇一円**

ヘッベル作／香田芳樹訳

戯曲 ニーベルンゲン

運命のいたずらか、王たちの嫁取り騒動は、英雄の暗殺、骨肉相食む復讐に至る。中世英雄叙事詩をリアリズムの悲劇へ昇華させた、ヘッベルの傑作。〔赤四二〇-五〕 **定価一一五五円**

ヘリオドロス作／下田立行訳

エティオピア物語（下）

神々に導かれるかのように苦難の旅を続ける二人。死者の蘇り、都市の水攻め、暴れ牛との格闘など、語りの妙技で読者を引きこむ、古代小説の最高峰。（全二冊）〔赤一二七-二〕 **定価一〇〇一円**

……今月の重版再開……

リョンロット編／小泉保訳
フィンランド叙事詩 **カレワラ**（上） **定価一五〇七円** 〔赤七四五-一〕

リョンロット編／小泉保訳
フィンランド叙事詩 **カレワラ**（下） **定価一五〇七円** 〔赤七四五-二〕

定価は消費税 10％ 込です　　2024. 11